Mein Mathebuch 1

Ausgabe Bayern

Ursula von Kuester (Herrsching am Ammersee)

Johanna Schmidt (Regensburg)

Angela Ziegler-Heitbrock (Herrsching am Ammersee)

Oldenbourg Schulbuchverlag, München

Inhalt

Zahlen und Operationen Raum und Form Größen und Messen

Daten und Zufall Lernstandserhebung

Aufgabenniveau

1 Dies sind einfache Übungsaufgaben.

2 Hier kannst du Zusammenhänge entdecken.

3 Bei diesen Aufgaben musst du gründlich überlegen.

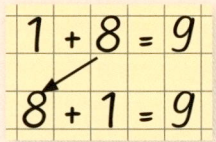

Gelbe Unterlegungen

Manche Aufgaben sind gelb unterlegt: $1 + 8 = \square$
Dazu gibt es Hilfen am Rand.

Immer wieder, immer wichtig

Übe diese Aufgaben immer wieder 6 bis 8 Minuten lang.
Im Lauf der Zeit schaffst du immer mehr.

Lösungszahlen

Kontrolliere mit den blauen Zahlen in den Klammern (5)
oder unter den Aufgaben 7, 12, 15, 19 deine Lösungen.

→ S. 29/30, 53/54, 67/68, 81/82, 103/104, 121/122

Das kann ich schon / Überprüfen und üben

Mit diesen Seiten kannst du testen, ob du alles gut
verstanden hast.

Unser Mathebuch

Erfinde Aufgaben für „Unser Mathebuch".
Die Anleitung findest du auf Seite 37.

Meine Mathebox

Wie du mit deiner Mathebox üben kannst, erfährst du
auf Seite 136.

F A Hier findest du passende Seiten aus deinem Arbeitsheft und zur Freiarbeit.

Reise ins Land des Sachrechnens

Wir reisen mit Bibu durchs Land des Sachrechnens.
In seinen Waggons hat er hilfreiche Tipps dabei.

 Sei schlau, schau genau!

 S. 12, 44, 100, 101 und 131

 Sprich: Am Anfang ... Dann ... Am Ende ...
und zeig dazu die Hände.

 S. 13, 69 und 130

 Signalwörter erkennen, Rechenzeichen
nennen!

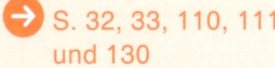 S. 32, 33, 110, 111 und 130

 Zeichne einfach, zeichne klar, schon stellt
sich die Lösung dar.

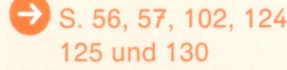 S. 56, 57, 102, 124, 125 und 130

 Die Frage führt zur Antwort.

 S. 126, 127 und 131

ICH + DU + WIR

So löst ihr Probleme Schritt für Schritt:

ICH Überlege zuerst alleine.
Wie gehe ich vor?

DU Tausche dich dann mit deinem Partnerkind aus.
Wie gehst du vor?   Ich löse das Problem so, weil ...

WIR Vergleicht nun eure Lösungswege und
Entdeckungen in der Gruppe. Welche nützen
besonders? Begründet.
Dieser Weg gefällt mir am besten, weil ...

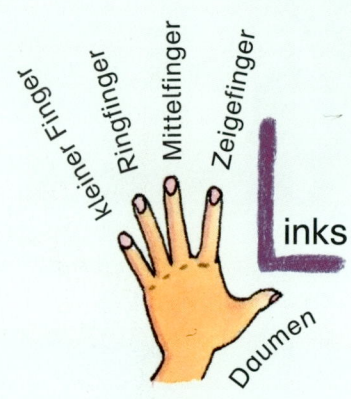

Links

Daumen · Zeigefinger · Mittelfinger · Ringfinger · kleiner Finger

1 a) Erst zeigen ...　　　　... dann den Finger nennen.

... linker Zeigefinger!

b) Erst den Finger nennen ...　　　　... dann zeigen.

... rechter kleiner Finger!

Rechts

2 Wie heißen deine Nachbarn?

Rechts neben mir sitzt Luisa.

Links neben mir sitzt Hannes.

Vor mir sitzt Resul.

Hinter mir sitzt Christian.

Lagebegriffe verwenden; Lagebeziehungen beschreiben

③

④ Beschreibe die Lage der Gegenstände.

⑤ Wohin?

1 Spure die Zahlen mit dem Finger nach.

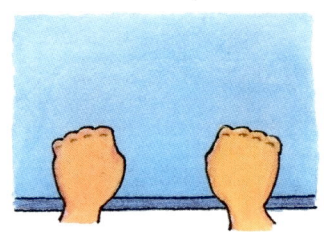 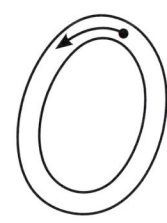

0 Finger streck ich aus, sie bleiben alle noch zu Haus.

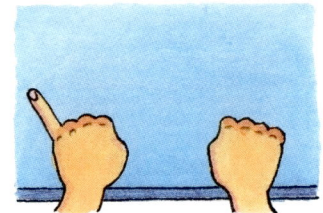 

Ein Finger ist allein, er ist ja noch so klein.

 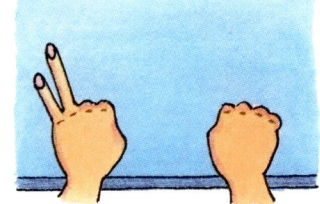 

Ringfinger, komm herbei, jetzt seid ihr zusammen **2**.

 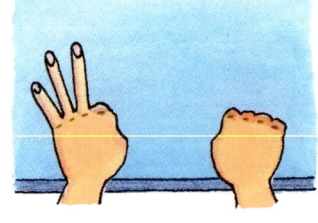 

Mittelfinger, mach dich frei, jetzt seid ihr zusammen **3**.

 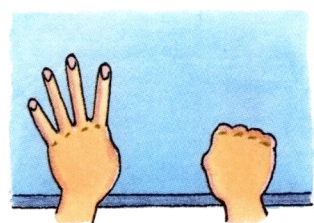 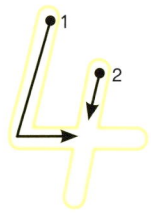

Zeigefinger, spiel mit mir, jetzt seid ihr zusammen **4**.

 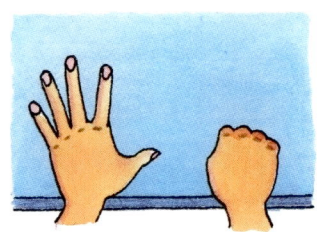 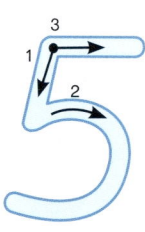

Der Daumen kommt jetzt noch hinzu, **5** Finger sehe ich im Nu.

Ziffern deutlich schreiben

2 a) Zahl zeigen,
dann sprechen.

b) Zahl sprechen,
dann zeigen.

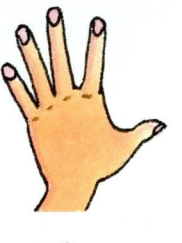

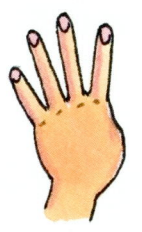

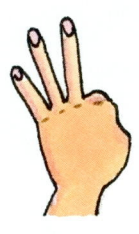

3 Zeige die passende Fingerzahl.

a)
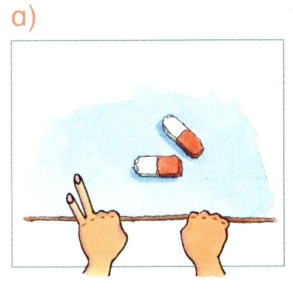

b)
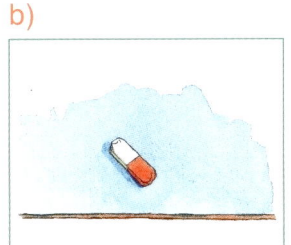

c)

d)

e)

f)

...

g)

h)

i)

Male zu Zahlen
Bilder.

4 Male zu jedem Bild aus Aufgabe 3 die passende
Strichliste in dein Heft.

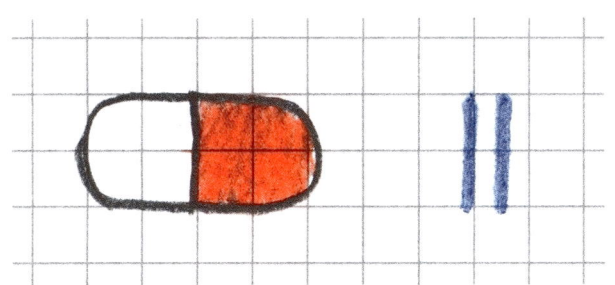

Finger **auf einmal**
hinlegen.
Nicht abzählen!

Die kleine Ente steht bei der kleinen Zahl und macht den Schnabel auf zur großen Zahl.

1 < 2

5 > 1

1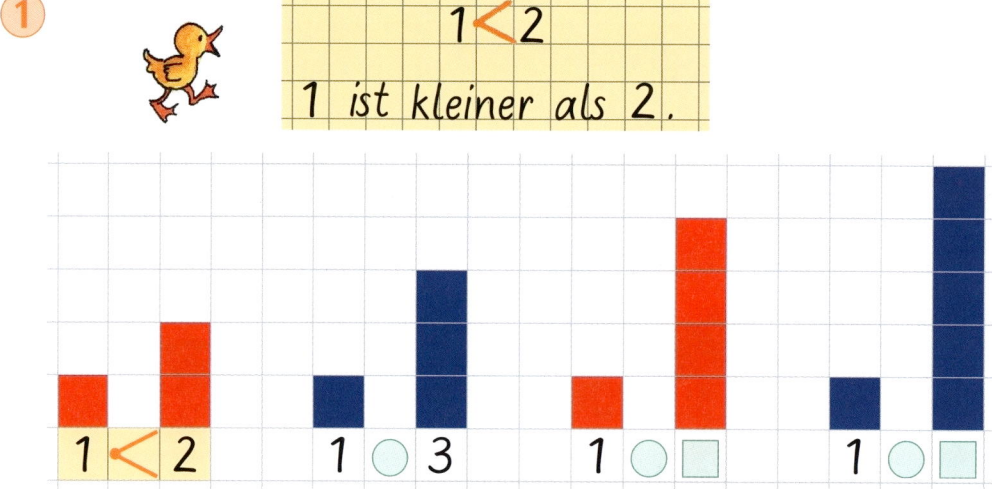

1 < 2
1 ist kleiner als 2.

1 < 2   1 ◯ 3   1 ◯ ▢   1 ◯ ▢

2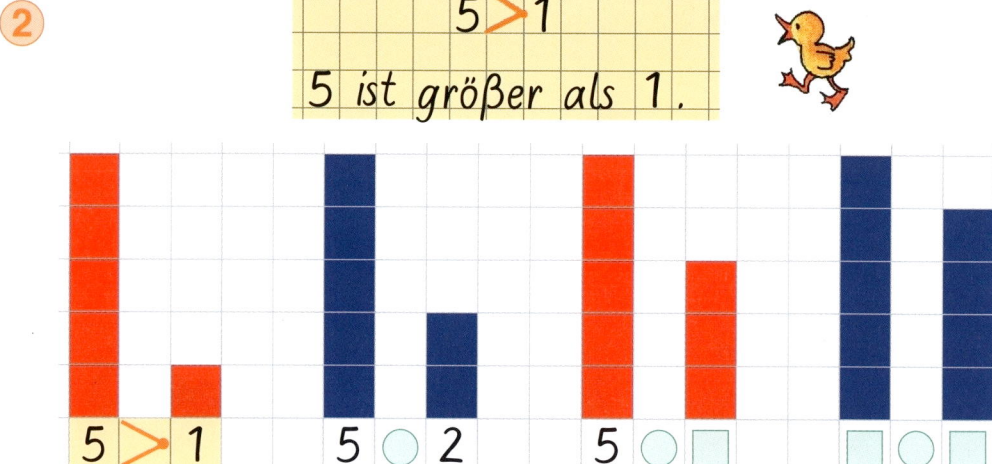

5 > 1
5 ist größer als 1.

5 > 1   5 ◯ 2   5 ◯ ▢   ▢ ◯ ▢

3 Zwei Zahlen sind gleich. Welches Rechenzeichen passt hier? ◯< ◯> ◯=

3 ◯ 3
3 ist gleich 3.

4 a)

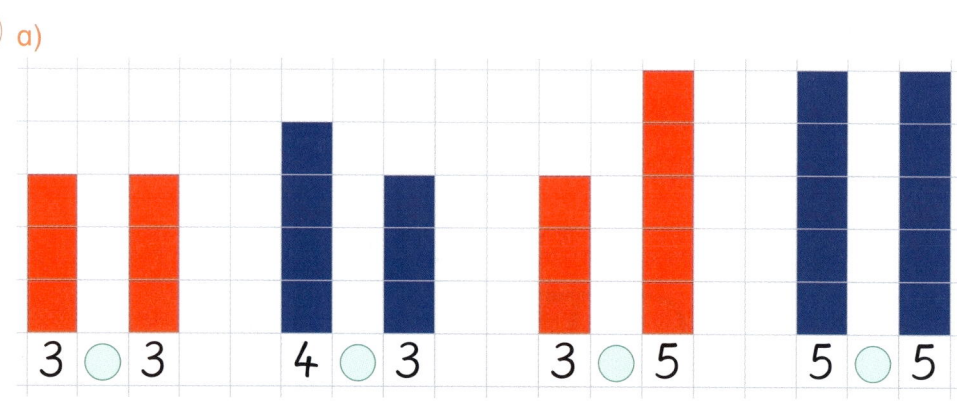

3 ◯ 3   4 ◯ 3   3 ◯ 5   5 ◯ 5

Finde Zahlenpaare.

▢ < ▢
▢ > ▢
▢ = ▢

b) Zeichne und schreibe.

4 ◯ 5   5 ◯ 0   2 ◯ 2   2 ◯ 3   4 ◯ 4

Mengen und Zahlen bestimmen und vergleichen

5 Setze ein:
$<$ (4), $>$ (5) oder $=$ (5).

a)
4 ◯ 4
2 ◯ 5
3 ◯ 1
5 ◯ 5
1 ◯ 4
1 ◯ 0
2 ◯ 2

b)
1 ◯ 1
4 ◯ 5
2 ◯ 4
5 ◯ 1
3 ◯ 3
4 ◯ 2
2 ◯ 1

6 Welche Zahlen passen?

a)
1 < ☐
1 > ☐
1 = ☐
2 < ☐
2 > ☐
2 = ☐
0 < ☐

b)
3 < ☐
3 > ☐
3 = ☐
4 < ☐
4 > ☐
4 = ☐
5 > ☐

Hier gibt es viele Lösungen.

7 Zahlenpaare! Male dazu.

a) um 1 größer
4 > ☐
1 > ☐
3 > ☐
5 > ☐
2 > ☐

b) um 1 kleiner
3 < ☐
0 < ☐
1 < ☐
4 < ☐
2 < ☐

c) um 2 größer
5 > ☐
2 > ☐
4 > ☐
3 > ☐

d) um 2 kleiner
2 < ☐
0 < ☐
3 < ☐
1 < ☐

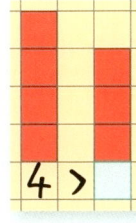

8 Finde Zahlenpaare!

a) um 3 größer ☐ > ☐   b) um 3 kleiner ☐ < ☐

9 1, 2, 3 – hopp!

• Jeder zeigt eine Zahl.

• Vergleicht.

Meine Zahl ist um 1 kleiner.

Meine Zahl ist um 1 größer.

Zahlen vergleichen
$<$ ist kleiner als
$>$ ist größer als
$=$ ist gleich

+ Aufgaben entdecken

1 Schau genau! Erzähle und erkläre Zahlen und Zeichen.

Am Anfang …   Dann …   Am Ende …

Rechengeschichte

… sind es ☐ Kinder. … kommt ☐ Kind dazu. … sind es ☐ Kinder.

Rechnung

$$3 + 1 = 4$$

plus   ist gleich

2 Wo (2) passt $3 + 1 = 4$? Begründe.

Sei schlau,
schau genau!

a)

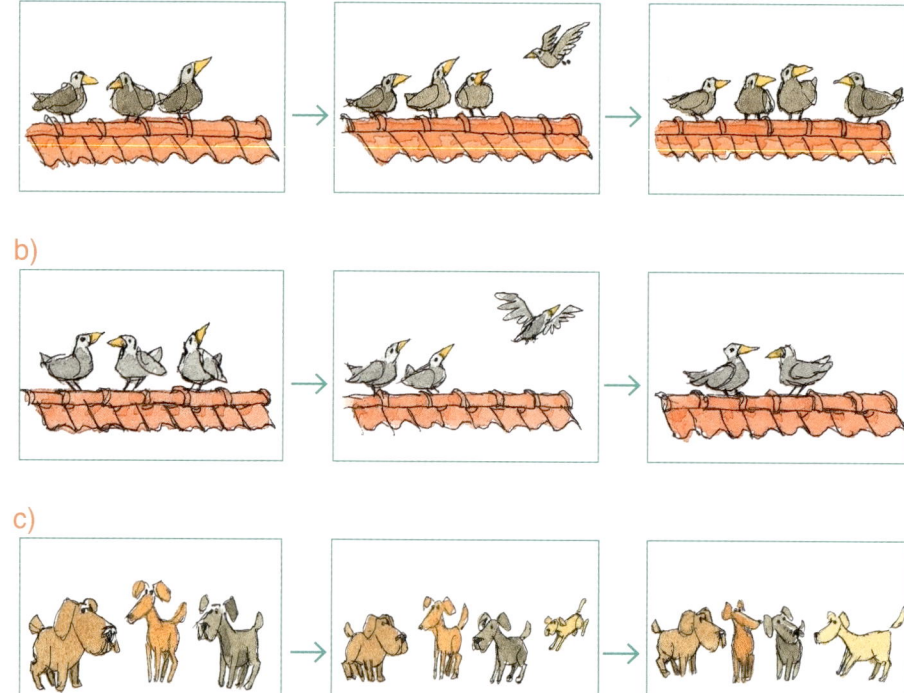

b)

c)

Es werden mehr:

 +

3 + 1 = 4

3 plus 1 ist gleich 4

**4 ist das
Ergebnis.**

3 Male + Geschichten und rechne dazu.

🕐 Seite 9, Aufgabe 2 Fingerzahlen

4 Erzähle. Zeige deine Finger dazu und rechne.

a) Am Anfang …   Dann …   Am Ende …

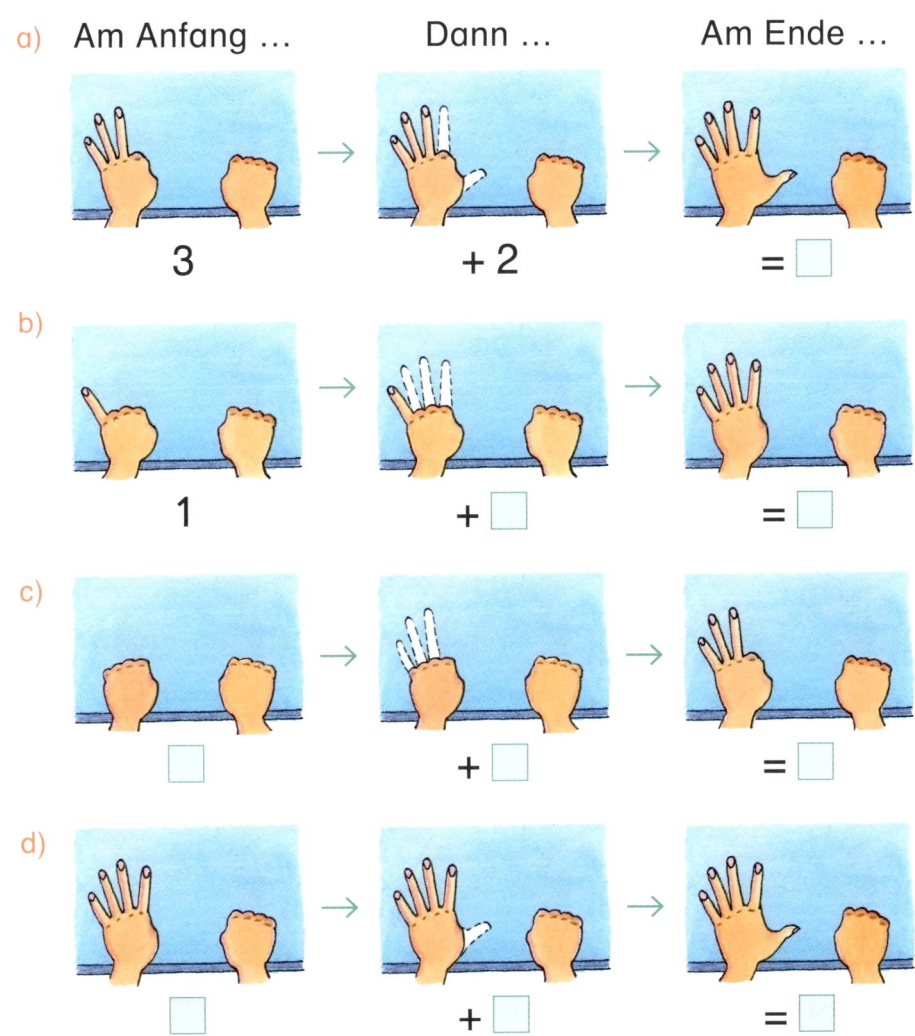

b)

c)

d)

3   + 2   = ▢

1   + ▢   = ▢

▢   + ▢   = ▢

▢   + ▢   = ▢

> Rechengeschichte

> Rechnung

5 Erzähle zu den Rechnungen von Aufgabe 4 andere Rechengeschichten: Am Anfang … Dann … Am Ende …

Sprich:

Am Anfang …
Dann …
Am Ende …

und zeig dazu
die Hände.

1 Spure die Zahlen mit dem Finger nach.

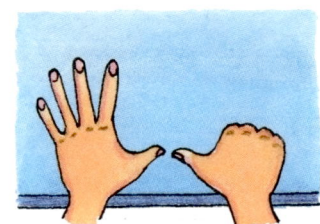 

Zur linken kommt
die rechte Hand.
5 links, 1 rechts
wird **6** genannt.

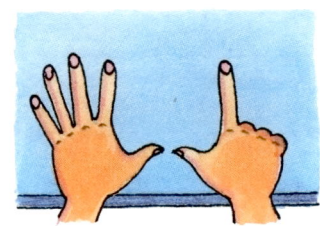 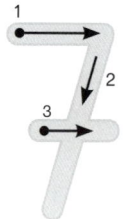

5 links, 2 rechts,
das sind schon **7**,
die Zahl, die auch
die Zwerge lieben.

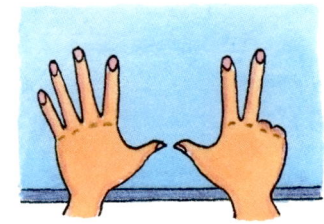 

5 links, 3 rechts,
das sind schon **8**,
so wird das Zählen
leicht gemacht.

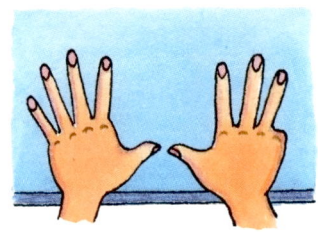 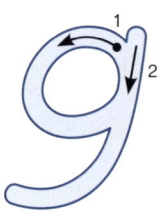

5 links, 4 rechts,
das sind schon **9**,
bald kann sich auch
der Kleine freu'n.

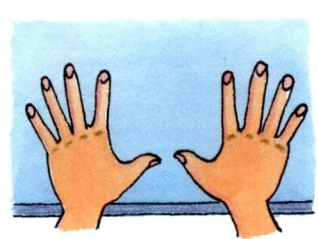 

5 links, 5 rechts,
das sind schon **10**,
jetzt kann ich
alle Finger seh'n.

Zahlen und Ziffern deutlich schreiben

② a) Zahl zeigen,
dann sprechen.

b) Zahl sprechen,
dann zeigen.

③ Zeige die passende Fingerzahl.

a)

b)

c)

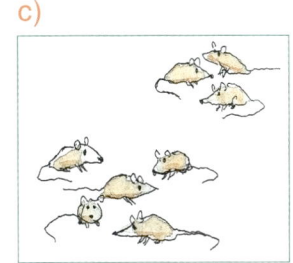

d)

e)

f)

g)

h)

i)

④ Male zu jedem Bild aus Aufgabe 3 die passende
Strichliste in dein Heft.

Rückwärts zählen

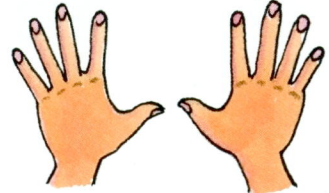

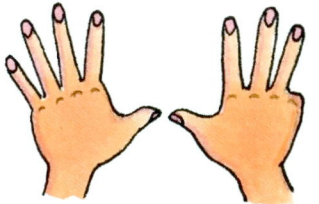

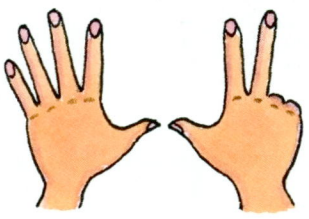

...

Male ein Bild zu
deiner
Lieblingszahl.

1 **ICH** Bring ein Muster in die Schule mit.

DU Vergleiche das Muster mit deinem Partnerkind.

WIR Stellt eure Muster aus und sprecht darüber.

Das Muster gefällt mir, weil …

Das ist kein Muster, weil …

Wo kannst du im Alltag Muster entdecken?

2 Welche Bilder (3) enthalten ein Muster? Erkläre.

a)

b)

c)

d)

3 Erkläre die Muster. Male ab und setze fort.

a)

b)

c)

d)

e)

f)

g)

h)

Erfinde eigene Muster.

In einem **Muster wiederholen sich Farben** und **Formen**.

Gesetzmäßigkeiten in geometrischen Mustern bestimmen und beschreiben

1 Fühlspiel

2

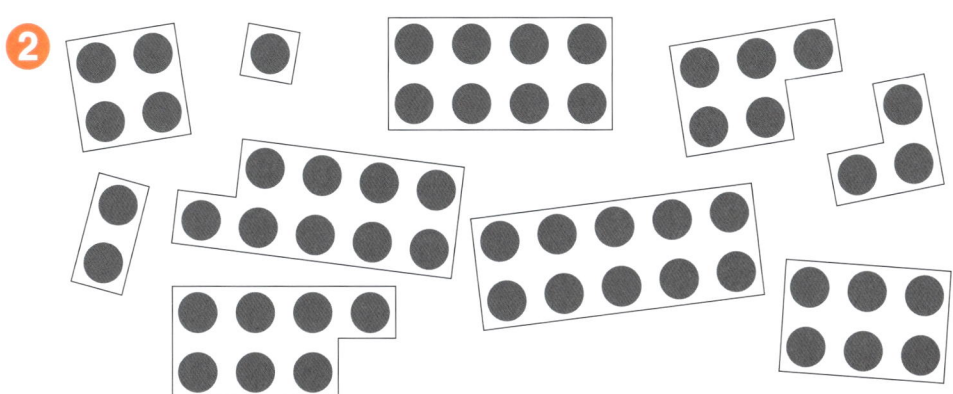

ICH ▶ Male die Zahlbilder geordnet auf.

DU ▶ Wie ordnet dein Partnerkind? Vergleicht.

WIR ▶ Sprecht über eure Lösungen in der Klasse.

3 Ordne die Zahlbildkarten und male.

a) **gerade Zahlen** b) ungerade Zahlen

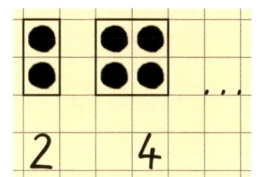

4 Was entdeckst du?

1. Zahl gerade,
2. Zahl ungerade,
Ergebnis …

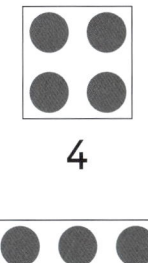      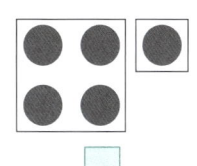

4 + 1 = ☐

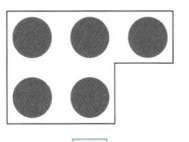   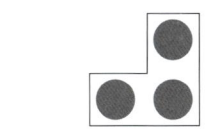   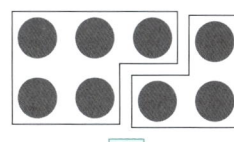

☐ + ☐ = ☐

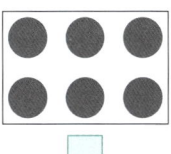   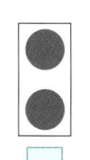   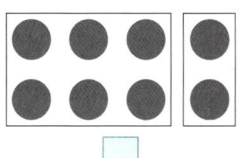

☐ + ☐ = ☐

gerade Zahl

6

ungerade Zahl

5

⏱ Seite 15, Aufgabe 2   Fingerzahlen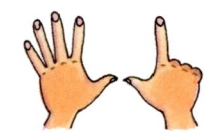

1 **ICH** ▸ Lege 7 und 8 Plättchen so, dass du die Zahlen schnell erkennst.

DU ▸ Wie hat dein Partnerkind gelegt? Vergleicht.

WIR ▸ Vergleicht eure Zahlbilder in der Klasse.

Wo erkennt ihr die Zahlen schnell? Erklärt.

2 Wie wurde hier gelegt? Erkläre.
Zeichne und schreibe.

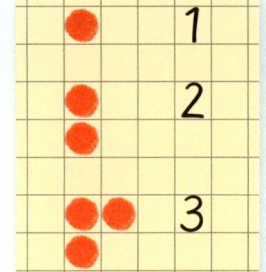

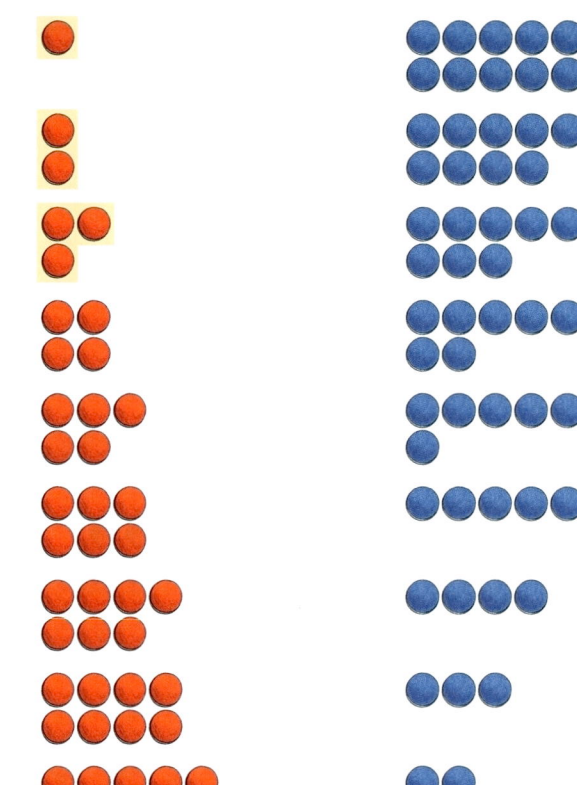

Male gute
Zahlbilder.

... mehr ...
... weniger ...
... gleich ...
... gerade ...
... ungerade ...

3 Zahlen schnell nennen

- Zeige auf ein Zahlbild.
- Nenne die Zahl und erkläre.

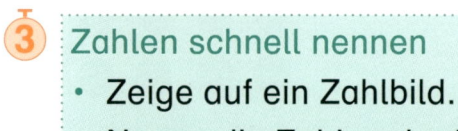

7 ist um
2 mehr als 5.

5er- und 10er-Struktur zur schnellen Mengenerfassung nutzen

1 Setze ein: < (5), > (7) oder = (3). Zeichne und schreibe.

a)
5 ◯ 6
10 ◯ 2
2 ◯ 2

b)
9 ◯ 8
2 ◯ 6
7 ◯ 4

c)
4 ◯ 4
3 ◯ 7
1 ◯ 0

d)
8 ◯ 9
4 ◯ 8
10 ◯ 9

e)
8 ◯ 8
9 ◯ 1
6 ◯ 3

5 ◯ 6

2 Setze ein: < (4), > (6) oder = (4).

a)
3 ◯ 4
6 ◯ 5
9 ◯ 7
5 ◯ 5
8 ◯ 6
2 ◯ 3
0 ◯ 0

b)
6 ◯ 9
10 ◯ 5
8 ◯ 3
7 ◯ 7
4 ◯ 1
6 ◯ 6
9 ◯ 10

3 Welche Zahlen passen?

a)
6 < ☐
8 > ☐
1 > ☐
9 = ☐
3 > ☐
2 < ☐
3 = ☐

b)
1 < ☐
7 > ☐
2 > ☐
4 = ☐
3 < ☐
5 = ☐
4 < ☐

6 < 7
6 < ...

Hier gibt es viele Lösungen.

4 Zahlenpaare! Setze fort.

a) um 2 größer
10 > ☐
9 > ☐
8 > ☐
☐ > ☐
☐ > ☐
☐ > ☐

b) um 2 kleiner
1 < ☐
2 < ☐
3 < ☐
☐ < ☐
☐ < ☐
☐ < ☐

c) um 3 größer
10 > ☐
9 > ☐
8 > ☐
☐ > ☐
☐ > ☐
☐ > ☐

d) um 3 kleiner
1 < ☐
2 < ☐
3 < ☐
☐ < ☐
☐ < ☐
☐ < ☐

Finde Zahlenpaare.
• um 4 größer
• um 4 kleiner

5 Zahlen einkreisen

• Schreibt alle Zahlen von 0 bis 11 auf.
• Kreist gleichzeitig eine Zahl ein und vergleicht.

10 ist größer als 9. Ein Strich für mich.

Nachbarzahlen

Seite 18, Aufgabe 3   Zahlen schnell nennen

1 Ein Zahlenstrahl!

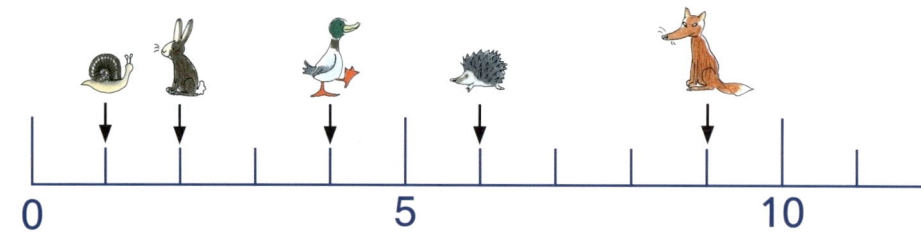

a) Auf welchen Zahlen sitzen die Tiere?
Schnecke ☐   Hase ☐   Ente ☐   Igel ☐   Fuchs ☐

b) Schreibe zu den Zahlen aus a) immer den <mark>kleinen</mark> und den <mark>großen</mark> Nachbarn.

2 **ICH + DU** Zeige auf einen Strich am Zahlenstrahl.
Dein Partnerkind nennt beide Nachbarn.

3 Bilde die Zählreihen immer von klein nach groß.

a)

| 1 ☐ ☐ | 4 ☐ ☐ | 8 ☐ ☐ | 7 ☐ ☐ | 2 ☐ ☐ |
| 5 ☐ ☐ | 6 ☐ ☐ | 3 ☐ ☐ | 0 ☐ ☐ | |

b)

| ☐ 7 ☐ | ☐ 3 ☐ | ☐ 6 ☐ | ☐ 1 ☐ | ☐ 9 ☐ |
| ☐ 4 ☐ | ☐ 8 ☐ | ☐ 5 ☐ | ☐ 2 ☐ | |

c)

| ☐ ☐ 4 | ☐ ☐ 7 | ☐ ☐ 5 | ☐ ☐ 10 | ☐ ☐ 2 |
| ☐ ☐ 6 | ☐ ☐ 9 | ☐ ☐ 3 | ☐ ☐ 8 | |

4 Rückenschreiben
· Zahl schreiben.
· Nachbarzahlen nennen.

⑦
kleiner Nachbar 6,
großer Nachbar …

Seitenrand

kleiner Nachbar 1 weniger   großer Nachbar 1 mehr

k N Zahl g N
1

1 , 2 , 3

6 , 7 , 8

2 , 3 , 4

kleiner Nachbar	Zahl	großer Nachbar
6	7	8
1 weniger		1 mehr

Beziehungen zwischen Zahlen begründen

1 Welche Farbe passt zum 1. Kind, zum 3., 7., 9., 8., 2., 5.?
Schreibe und male.

1.   2.   3. ☐   ☐   ☐   7.   ☐   ☐   ☐

2 Schau genau und schreibe auf.

a)

b)

c)

d)

e)

f)

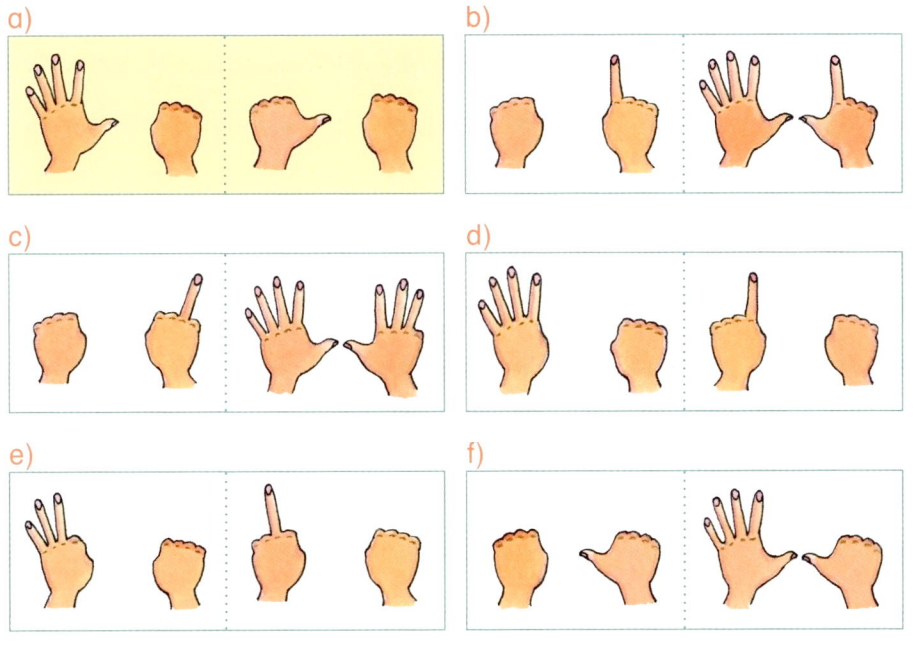

Fünfter!

3 ICH + DU ▸ Zeigt wie in Aufgabe 2. Sprecht dazu.

4 Male Muster. Zeichne immer 10 Kästchen und male aus.

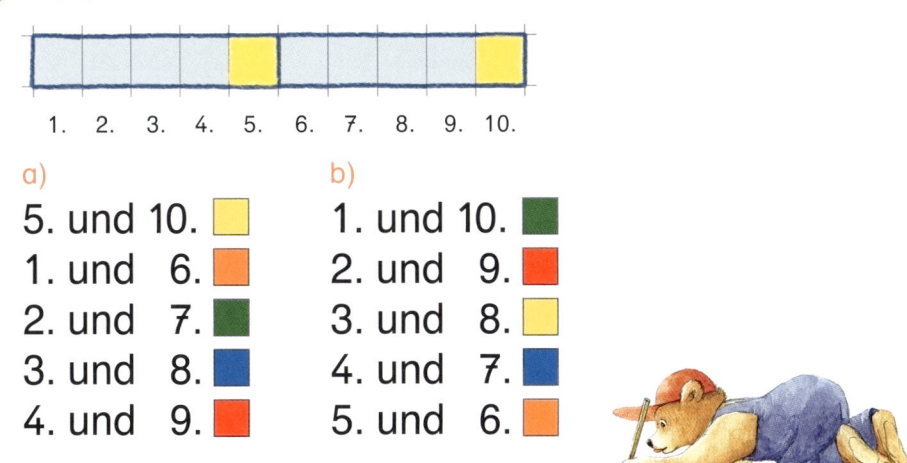

1.   2.   3.   4.   5.   6.   7.   8.   9.   10.

a)
5. und 10. ☐
1. und   6. ☐
2. und   7. ☐
3. und   8. ☐
4. und   9. ☐

b)
1. und 10. ☐
2. und   9. ☐
3. und   8. ☐
4. und   7. ☐
5. und   6. ☐

Erfinde und
schreibe ähnliche
Muster. Dein
Partnerkind malt.

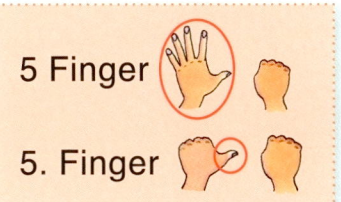

5 Finger

5. Finger

Bedeutungen von Zahlen aus der Umwelt unterscheiden

⊕ Aufgaben entdecken

 Seite 12, Aufgabe 2   *Am Anfang … Dann … Am Ende …*

① Welche Rechnung vom Rand passt zu welcher Rechengeschichte? Schreibe nur die ⊕ Aufgaben.

a)

b)

c)

d)

2 + 5 = ☐

4 + 2 = ☐

3 + 5 = ☐

② Schreibe passende ⊕ Aufgaben.

a) 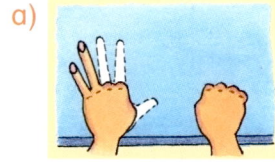   b) 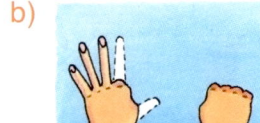   c)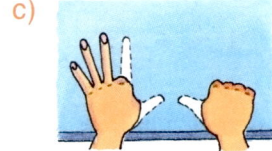

d) 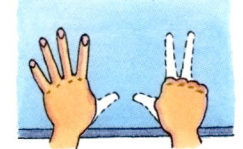   e)    f)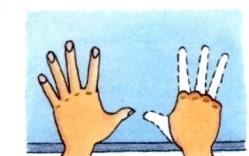

2 + 3 = ☐

③ Male zu jeder Aufgabe eine Rechengeschichte.

a) 4 + 5 = ☐   b) 2 + 4 = ☐   c) 6 + 4 = ☐

1 Schöne Türme! Was entdeckst du? Setze fort.
Untersuche 1. Zahl, 2. Zahl und das Ergebnis.

Die 1. Zahl wird immer um ☐ kleiner. Die 2. Zahl …

a)
9 + 1 = ☐
8 + 1 = ☐
7 + 1 = ☐
6 + 1 = ☐

b)
8 + 2 = ☐
7 + 2 = ☐
6 + 2 = ☐
5 + 2 = ☐

c)
7 + 3 = ☐
6 + 3 = ☐
5 + 3 = ☐
4 + 3 = ☐

d)
6 + 4 = ☐
5 + 4 = ☐
4 + 4 = ☐
3 + 4 = ☐

2 Bilde Rechentürme. Vergleiche mit deinem Partnerkind.

a)
☐ + ☐ = 5
☐ + ☐ = 6
☐ + ☐ = 7
☐ + ☐ = 8

b)
☐ + ☐ = 5
☐ + ☐ = 4
☐ + ☐ = 3
☐ + ☐ = 2

c)
☐ + ☐ = 7
☐ + ☐ = 7
☐ + ☐ = 7
☐ + ☐ = 7

Erfinde eigene Rechentürme.

3 Rechne.

a)
1 + 2 = ☐
3 + 3 = ☐
6 + 0 = ☐
5 + 1 = ☐

b)
7 + 2 = ☐
0 + 4 = ☐
4 + 1 = ☐
1 + 3 = ☐

c)
9 + 1 = ☐
2 + 0 = ☐
5 + 4 = ☐
3 + 2 = ☐

d)
6 + 2 = ☐
4 + 3 = ☐
8 + 1 = ☐
5 + 0 = ☐

e)
7 + 3 = ☐
4 + 2 = ☐
2 + 1 = ☐
6 + 4 = ☐

f)
5 + 3 = ☐
8 + 2 = ☐
3 + 4 = ☐
9 + 0 = ☐

g)
1 + 4 = ☐
7 + 1 = ☐
5 + 2 = ☐
6 + 3 = ☐

h)
0 + 3 = ☐
2 + 2 = ☐
8 + 0 = ☐
4 + 4 = ☐

4 ICH + DU ▶ Fragt euch regelmäßig ab.
Übt mit den Kärtchen aus dem Arbeitsheft.

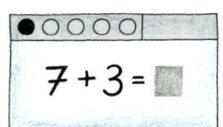

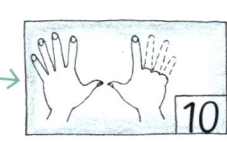

So wirst du zum Rechenprofi!

→ S. 136

1 Welche ⊕ Aufgaben kannst du schon im Kopf? Schreibe.

So übst du „Über die Finger in den Kopf".

2 Rechne im Kopf.

| Am Anfang … | Dann … | Am Ende … |

a)
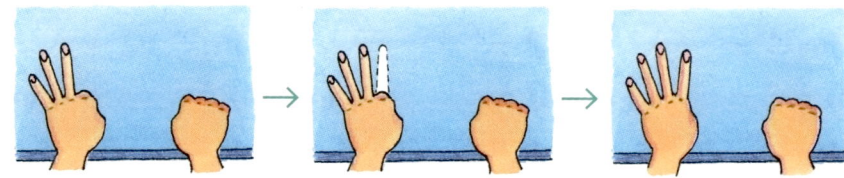

| 3 + 1 = ☐ | 3 + 2 = ☐ | 3 + 3 = ☐ | 3 + 4 = ☐ |
| 4 + 1 = ☐ | 4 + 2 = ☐ | 4 + 3 = ☐ | 4 + 4 = ☐ |

1. Ziel:
Anfangsfinger auf einmal hinlegen, dann Plusfinger aufklappen.

b)
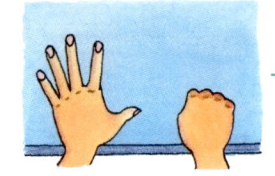 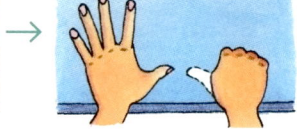 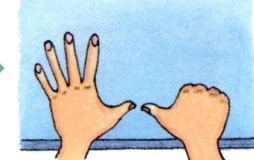

| 5 + 1 = ☐ | 5 + 2 = ☐ | 5 + 3 = ☐ | 5 + 4 = ☐ |
| 6 + 1 = ☐ | 6 + 2 = ☐ | 6 + 3 = ☐ | 6 + 4 = ☐ |

2. Ziel:
Lege die Plusfinger **auf einmal** dazu.

c)

| 2 + 3 = ☐ | 3 + 4 = ☐ | 7 + 1 = ☐ | 9 + 1 = ☐ |
| 1 + 4 = ☐ | 2 + 5 = ☐ | 6 + 2 = ☐ | 8 + 2 = ☐ |

3. Ziel:
Anfangsfinger legen – Plusfinger denken!

4. Ziel:
Keine Finger legen – alle Finger denken!

d)

| 1 + 3 = ☐ | 3 + 2 = ☐ | 7 + 2 = ☐ | 2 + 1 = ☐ |
| 1 + 4 = ☐ | 3 + 3 = ☐ | 7 + 3 = ☐ | 2 + 2 = ☐ |

3 Schöne Türme! Was entdeckst du? Setze fort.
Untersuche 1. Zahl, 2. Zahl und das Ergebnis.

a)
0 + 1 = ☐
1 + 1 = ☐
2 + 1 = ☐
3 + 1 = ☐
4 + 1 = ☐

b)
0 + 2 = ☐
1 + 2 = ☐
2 + 2 = ☐
3 + 2 = ☐
4 + 2 = ☐

c)
0 + 3 = ☐
1 + 3 = ☐
2 + 3 = ☐
3 + 3 = ☐
4 + 3 = ☐

d)
0 + 4 = ☐
1 + 4 = ☐
2 + 4 = ☐
3 + 4 = ☐
4 + 4 = ☐

Die 1. Zahl wird immer um ☐ größer. Die 2. Zahl ...

4 Bilde Rechentürme. Vergleiche mit deinem Partnerkind.

a)
☐ + ☐ = 5
☐ + ☐ = 4
☐ + ☐ = 3
☐ + ☐ = 2

b)
☐ + ☐ = 1
☐ + ☐ = 2
☐ + ☐ = 3
☐ + ☐ = 4

c)
☐ + ☐ = 6
☐ + ☐ = 6
☐ + ☐ = 6
☐ + ☐ = 6

Erfinde eigene Rechentürme.

5 **ICH** Welche Aufgaben kannst du noch nicht im Kopf?
Wann und wie willst du sie lernen?

DU Wie lernt dein Partnerkind? Tauscht euch aus.

WIR Besprecht eure Lerntipps in der Klasse.

Ich lasse mich abfragen.

Jeden Tag 5 Aufgaben!

Ich schreibe nicht gekonnte Aufgaben auf.

Ich übe mit meiner Mathebox.

Über die Finger in den Kopf.

So wirst du zum Rechenprofi!

Nur Mut, nach einiger Zeit gelingt das gut.

6 + ☐ heißt, am Ende ein Finger mehr als bei 5 + ☐.

1 Rechne. Erkläre den Trick.

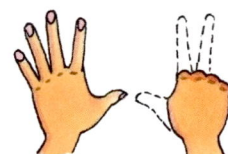 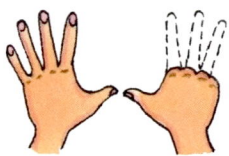 

a)

$5 + 3 = \square$
$5 + 0 = \square$
$5 + 1 = \square$
$5 + 2 = \square$
$5 + 4 = \square$

b)

$6 + 3 = \square$ denn $5 + 1 + 3 = \square$
$6 + 0 = \square$ denn $5 + 1 + 0 = \square$
$6 + 1 = \square$ denn $5 + 1 + \square = \square$
$6 + 2 = \square$ denn $\square + \square + \square = \square$
$6 + 4 = \square$ denn $\square + \square + \square = \square$

2

$4 + 5 = \square$

ICH + DU + WIR ▶ Wie rechnest du? Wie rechnen andere? Erklärt euch eure Tricks.

3 Aus 3 + 5 wird 5 + 3. Zeige ebenso und rechne.

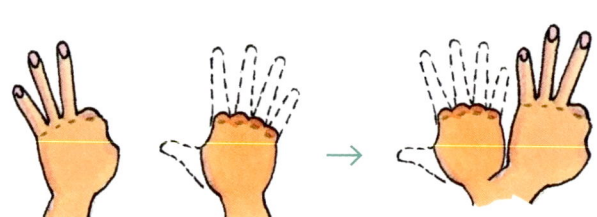

$3 + 5 = \square$
$1 + 5 = \square$
$2 + 5 = \square$
$4 + 5 = \square$
$0 + 5 = \square$

4 1, 2, 3 – hopp!
- Zeigt gleichzeitig eine Zahl.
- Rechnet ⊕ Aufgaben.

$4 + 5 = 9$

Der Trick mit der 5

 + ☐

oder

☐ +

So rechnet jedes Kind mit der **5** geschwind.

AH Seite 14   FA 2, 3   Rechenstrategien nutzen; Zahlensätze des Einspluseins automatisiert anwenden

Trick: Tauschaufgaben

1 Ein Wurf, zwei Aufgaben! Erkläre.

3 + 4

Nein!
4 + 3

Diese Aufgaben heißen **Tauschaufgaben**. Warum?

2 Schreibe und rechne Aufgabe und Tauschaufgabe.
Umkreise jeweils die leichtere Rechnung.

a)
1 + 7 =
7 + 1 =

b)
1 + 9 =
9 + 1 =

c)
8 + 2 =
2 + 8 =

d)
2 + 7 =
7 + 2 =

e)
6 + 2 =
2 + 6 =

f)
1 + 8 =
8 + 1 =

g)
6 + 3 =
3 + 6 =

h)
1 + 6 =
6 + 1 =

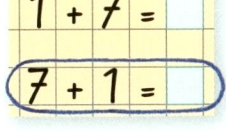

1 + 7 =
7 + 1 =

3 Schreibe und rechne Aufgabe und Tauschaufgabe.

a)
1 + 8 =
2 + 6 =
3 + 7 =

b)
1 + 9 =
3 + 6 =
1 + 5 =

c)
1 + 6 =
2 + 8 =
3 + 5 =

d)
1 + 7 =
2 + 7 =
4 + 6 =

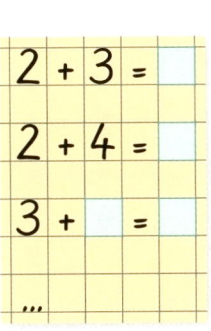

1 + 8 =
8 + 1 =

4 Finde viele + Aufgaben.
Was entdeckst du?

a) 2 3 4
b) 1 4 5
c) 1 2 7
d) 3 5 5

2 + 3 =
2 + 4 =
3 +   =
...

Überlege mit Plan.

Rechentrick:
Tauschaufgabe

Große Zahl nach vorn!

1 + 8 =
8 + 1 =

Rechenstrategien nutzen; Zahlensätze des Einspluseins automatisiert anwenden   FA 4   AH Seite 14   **27**

Welcher Trick hilft?

Trick:
Tauschaufgabe
Große Zahl
nach vorn!

Der Trick mit der 5.

1 Wie rechnest du?

a)
1 + 8 = ☐
2 + 6 = ☐
3 + 4 = ☐
5 + 2 = ☐
0 + 5 = ☐

b)
2 + 5 = ☐
1 + 9 = ☐
2 + 7 = ☐
3 + 5 = ☐
4 + 4 = ☐

c)
4 + 5 = ☐
1 + 6 = ☐
2 + 8 = ☐
3 + 6 = ☐
5 + 3 = ☐

d)
3 + 7 = ☐
2 + 4 = ☐
1 + 7 = ☐
4 + 6 = ☐
5 + 1 = ☐

ICH ▸ Welcher Trick hilft dir?

DU ▸ Wie rechnet dein Partnerkind? Vergleicht.

WIR ▸ Besprecht eure Rechenwege in der Klasse.

2 Zahlenpaare!

a)
um 1 größer
9 > ☐
8 > ☐
7 > ☐
6 > ☐

b)
um 2 größer
9 > ☐
8 > ☐
7 > ☐
6 > ☐

c)
um 1 kleiner
2 < ☐
3 < ☐
4 < ☐
5 < ☐

d)
um 2 kleiner
2 < ☐
3 < ☐
4 < ☐
5 < ☐

Untersuche immer 1. Zahl, 2. Zahl und das Ergebnis.

3 Finde Zahlenpaare!

a) um 5 größer ☐ > ☐   b) um 5 kleiner ☐ < ☐

Erfinde eigene Rechentürme.

4 Schöne Türme! Was entdeckst du? Setze fort.

a)
0 + 5 = ☐
1 + 5 = ☐
2 + 5 = ☐
3 + ☐ = ☐

b)
4 + 6 = ☐
4 + 5 = ☐
4 + 4 = ☐
4 + ☐ = ☐

c)
9 + 1 = ☐
8 + 2 = ☐
7 + 3 = ☐
6 + ☐ = ☐

5 Oh, keine schönen Türme! Repariere sie.

a)
0 + 9 = ☐
1 + 8 = ☐
2 + 6 = ☐
3 + 5 = ☐
4 + 4 = ☐

b)
7 + 2 = ☐
6 + 2 = ☐
4 + 2 = ☐
3 + 2 = ☐
2 + 2 = ☐

c)
5 + 4 = ☐
4 + 5 = ☐
2 + 7 = ☐
1 + 8 = ☐
0 + 9 = ☐

d)
3 + 0 = ☐
3 + 1 = ☐
3 + 2 = ☐
3 + 4 = ☐
3 + 5 = ☐

1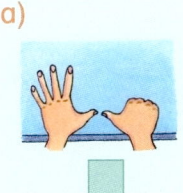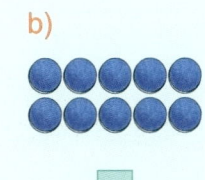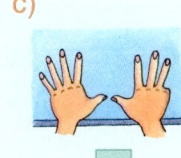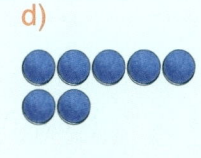

Über der 5 steht die ⬜.

Unter der 5 steht die ⬜.

Links neben der 5 steht die ⬜.

Rechts neben der 5 steht die ⬜.

Bearbeite immer eine Aufgabe. Wie konntest du sie lösen? Male im Heft passend dazu:

2 Schreibe zu jedem Bild die richtige Zahl.

a) b) c) d)

⬜   ⬜   ⬜   ⬜

3 Setze ein: <, > oder =.

9 ◯ 10   10 ◯ 1   6 ◯ 5   0 ◯ 1   7 ◯ 7   2 ◯ 1

4 Schreibe jeweils den kleinen und den großen Nachbarn.

⬜ 5 ⬜   ⬜ 9 ⬜   ⬜ 1 ⬜   ⬜ 8 ⬜   ⬜ 6 ⬜

5 Schreibe die passende Aufgabe: ⬜ + ⬜ = ⬜

Am Anfang …   Dann …   Am Ende …

 →  →

Alles fertig?
Überprüfe mit
Seite 30.

6
a)
4 + 1 = ⬜
7 + 2 = ⬜
4 + 3 = ⬜
6 + 4 = ⬜

b)
5 + 3 = ⬜
5 + 5 = ⬜
1 + 5 = ⬜
0 + 5 = ⬜

c)
1 + 8 = ⬜
2 + 6 = ⬜
4 + 6 = ⬜
3 + 7 = ⬜

d)
1 + 4 = ⬜
4 + 5 = ⬜
8 + 2 = ⬜
2 + 7 = ⬜

7 Male ab und setze die Muster fort.

a) 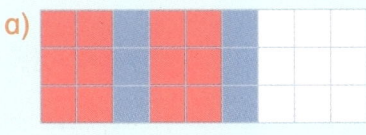   b)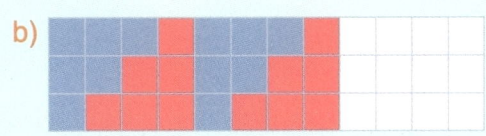

Mit diesen Aufgaben kannst du üben:

➜ S. 6/2
S. 7/3

1

1	2	3
4	5	6
7	8	9

Über der 5 steht die 2.
Unter der 5 steht die 8.
Links neben der 5 steht die 4.
Rechts neben der 5 steht die 6.

➜ S. 9/2, 3
S. 15/2, 3

2 Schreibe zu jedem Bild die richtige Zahl.

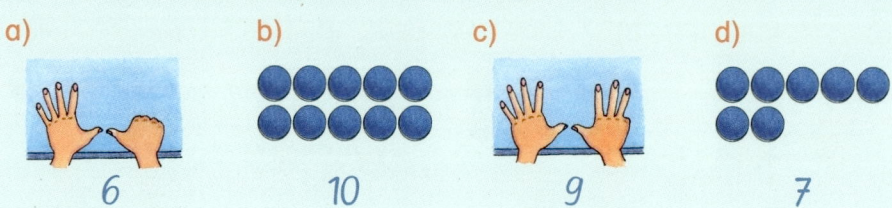

a) 6   b) 10   c) 9   d) 7

➜ S. 11/5
S. 19/2

3 Setze ein: <, > oder =.

9 < 10   10 > 1   6 > 5   0 < 1   7 = 7   2 > 1

➜ S. 20/1–4

4 Schreibe jeweils den kleinen und den großen Nachbarn.

4 5 6   8 9 10   0 1 2   7 8 9   5 6 7

5 Schreibe die passende Aufgabe: 6 + 3 = 9

Am Anfang …   Dann …   Am Ende …

➜ S. 22/1

6

a)	b)	c)	d)
4 + 1 = 5	5 + 3 = 8	1 + 8 = 9	1 + 4 = 5
7 + 2 = 9	5 + 5 = 10	2 + 6 = 8	4 + 5 = 9
4 + 3 = 7	1 + 5 = 6	4 + 6 = 10	8 + 2 = 10
6 + 4 = 10	0 + 5 = 5	3 + 7 = 10	2 + 7 = 9

➜ S. 23/3
S. 26/1
S. 27/2, 3

7 Male ab und setze die Muster fort.

a)   b)

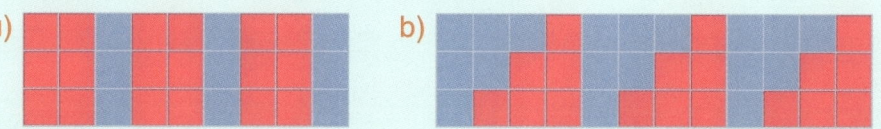

1 ICH + DU ▸ Male. Schreibe Plusaufgaben.
Wie hat dein Partner gerechnet? Vergleicht.

a)
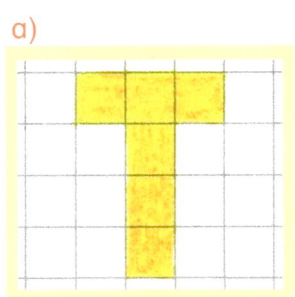

b)
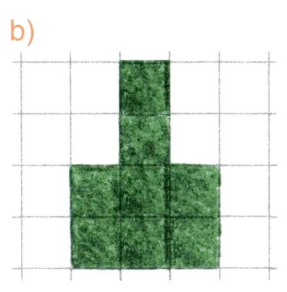

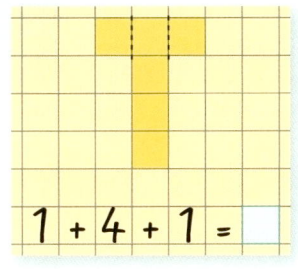

$1 + 4 + 1 = $ ☐

c)

d)
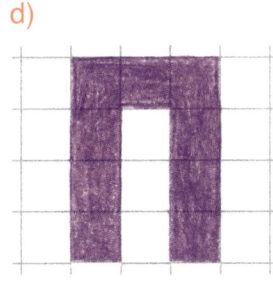

e)
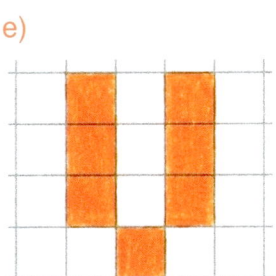

f)
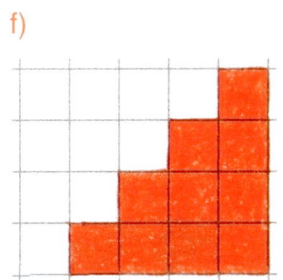

Finde zu jedem
Muster eine
weitere
⊕ Aufgabe.

2 ICH + DU ▸ Male Muster zu diesen ⊕ Aufgaben. Rechne.
Wie hat dein Partner gemalt? Vergleicht.

a) $1 + 2 + 1 + 2 = $ ☐

b) $3 + 2 + 2 + 3 = $ ☐

c) $1 + 4 + 4 + 1 = $ ☐

d) $4 + 3 + 2 + 1 = $ ☐

Erfinde Muster mit
⊕ Aufgaben.

3 Paare suchen

- Male Muster.
- Schreibe dazu
  ⊕ Aufgaben.
- Bastle daraus ein
  Paarspiel.
- Spielt nach
  den Memory-Regeln.

Signalwörter für $+$

Signalwörter für

$+$

zusammen

insgesamt

$$6 + 3 = 9$$
$$9 = 6 + 3$$

1 Erzähle und rechne zu jedem Bild.

Zuerst so:

Anna hat 6 rote und 3 blaue Sticker. **Zusammen** sind es 9.

     6   + 3   =   9

Dann so:

9 Sticker hat Anna **insgesamt**. Es sind 6 rote und 3 blaue.

9   = 6   + 3

a)

b)

c)

d)

e)

f)

g)

h)

Erfinde ähnliche $+$ Geschichten.

2 Erzähle und rechne wie in Aufgabe 1.

a)

b)

c)

d)

e)

f)

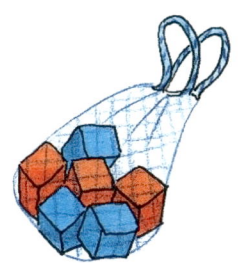

g)

h)

Signalwörter erkennen, Rechenzeichen nennen!
zusammen ⊕
insgesamt

Zerlegen

1 Zerlege die 6 und sprich so:

6	wird zerlegt in	2	und	4
6	=	2	+	4

2 **ICH + DU** Findet weitere Zerlegungen zur Zahl 6. Wie geht ihr vor?

3 Wie hat Leila zerlegt? Erkläre und rechne.

 6 = 6 + 0

   6 = 5 + ☐

Ich zerlege mit System!

   6 = 4 + ☐

   6 = ☐ + ☐

   6 = ☐ + ☐

  6 = ☐ + ☐

 6 = 0 + ☐

Bei den Zerlegungsaufgaben hilft der Bleistift.

4	=	0	+	
4	=	1	+	
4	=	2	+	
4	=	3	+	
4	=	4	+	

Zerlege.

3 = ☐ + ☐

2 = ☐ + ☐

4 Zerlege. Setze fort.

a)

4 = 0 + ☐
4 = …

b)

5 = 0 + ☐
5 = …

c)

7 = 0 + ☐
7 = …

d)

8 = ☐ + ☐
8 = …

e)

9 = ☐ + ☐
9 = …

f)

10 = ☐ + ☐
10 = …

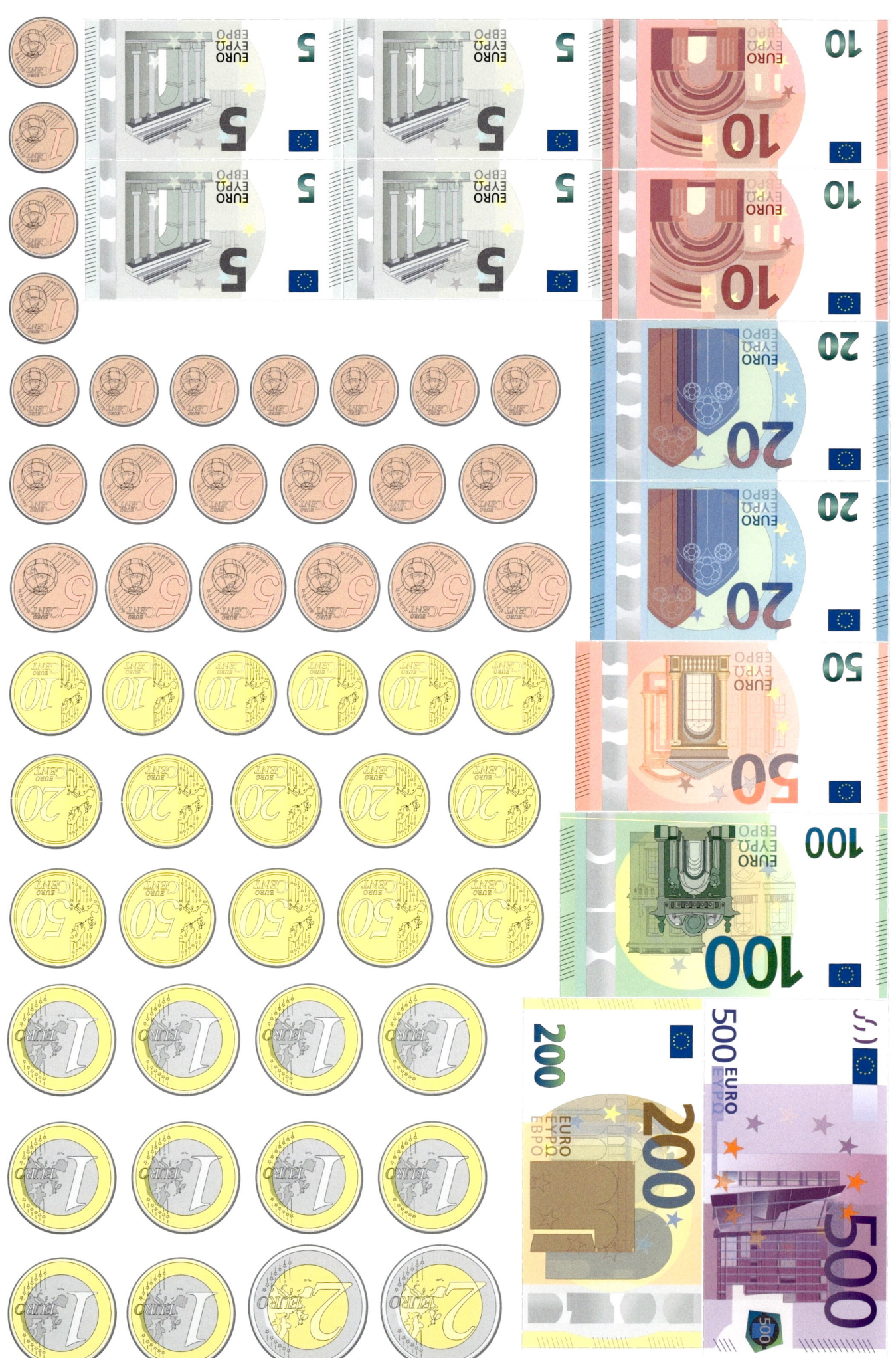

5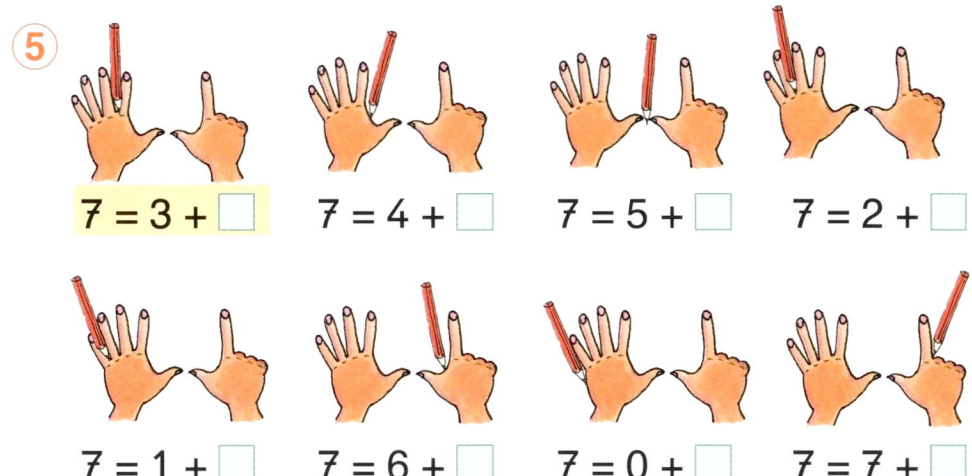

7 = 3 + ☐ 7 = 4 + ☐ 7 = 5 + ☐ 7 = 2 + ☐

7 = 1 + ☐ 7 = 6 + ☐ 7 = 0 + ☐ 7 = 7 + ☐

7 = 3 + 4

7 zerlegst du in 3 und 4.

6 Zerlegungstürme! Setze fort.

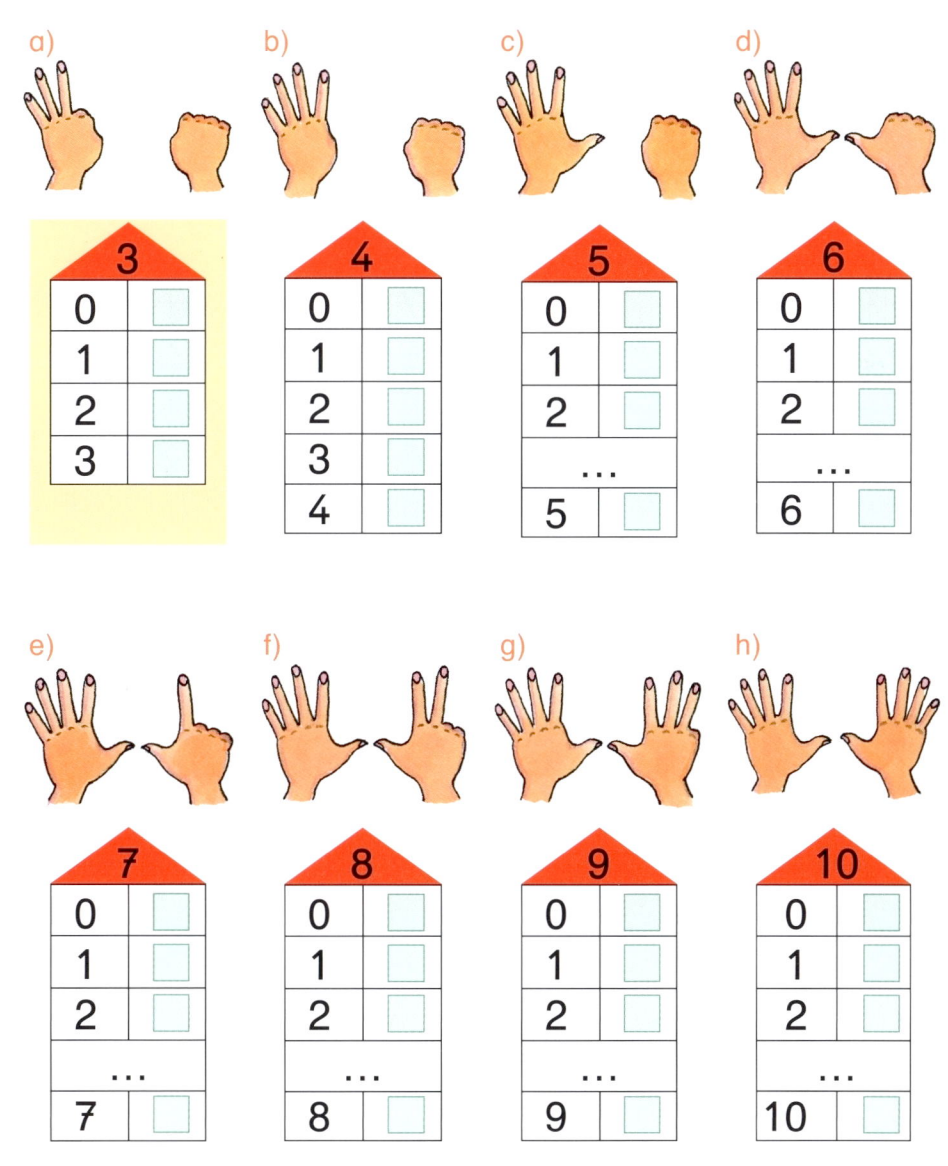

a)

3	
0	☐
1	☐
2	☐
3	☐

b)

4	
0	☐
1	☐
2	☐
3	☐
4	☐

c)

5	
0	☐
1	☐
2	☐
…	
5	☐

d)

6	
0	☐
1	☐
2	☐
…	
6	☐

e)

7	
0	☐
1	☐
2	☐
…	
7	☐

f)

8	
0	☐
1	☐
2	☐
…	
8	☐

g)

9	
0	☐
1	☐
2	☐
…	
9	☐

h)

10	
0	☐
1	☐
2	☐
…	
10	☐

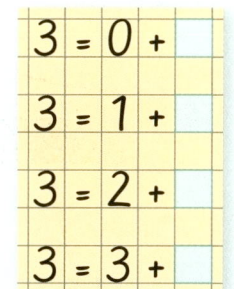

3	=	0	+	☐
3	=	1	+	☐
3	=	2	+	☐
3	=	3	+	☐

Zahlen zerlegen

5 zerlege ich in 4 und 1.

- Zeige eine Fingerzahl.
- Dein Partner zerlegt.

7 **ICH + DU** ➤ Wie übt ihr Zerlegungen?

Mathe-box
➔ S. 136

Seite 19, Aufgabe 2 $>$ $<$ $=$

1 Welche Rechnung passt? Erkläre.

a)

b)

c)

d)

$2 + 4 = 1 + 5$

$6 > 3 + 2$

$2 + 5 = 7$

$2 + 2 < 5$

2 Wo passt $=$? Schreibe nur diese Aufgaben (11).

a)
$4 + 3 \bigcirc 7$
$2 + 5 \bigcirc 8$
$1 + 4 \bigcirc 5$
$2 + 4 \bigcirc 6$
$2 + 6 \bigcirc 8$
$3 + 3 \bigcirc 5$
$5 + 1 \bigcirc 7$

b)
$8 \bigcirc 1 + 7$
$9 \bigcirc 4 + 5$
$9 \bigcirc 2 + 8$
$8 \bigcirc 4 + 4$
$7 \bigcirc 3 + 5$
$10 \bigcirc 5 + 5$
$10 \bigcirc 6 + 3$

c)
$2 + 6 \bigcirc 7$
$6 \bigcirc 3 + 3$
$3 + 7 \bigcirc 10$
$9 \bigcirc 3 + 5$
$2 + 5 \bigcirc 7$
$9 \bigcirc 7 + 1$
$4 + 2 \bigcirc 5$

3 Setze ein: $<$ (4), $>$ (6) oder $=$ (5).

a)
$4 + 4 > 7$
$8 \quad 7$

$4 + 4 \bigcirc 7$
$3 + 2 \bigcirc 5$
$5 + 4 \bigcirc 8$

b)
$7 \bigcirc 4 + 5$
$9 \bigcirc 2 + 5$
$6 \bigcirc 3 + 3$
$8 \bigcirc 1 + 6$
$9 \bigcirc 2 + 8$
$8 \bigcirc 1 + 7$

c)
$7 + 2 \bigcirc 6 + 2$
$6 + 4 \bigcirc 5 + 5$
$2 + 6 \bigcirc 2 + 7$
$4 + 3 \bigcirc 1 + 6$
$1 + 9 \bigcirc 3 + 6$
$8 + 1 \bigcirc 7 + 3$

4 Finde passende Zahlen.

a) $\square + \square < \square$ b) $\square > \square + \square$ c) $\square + \square = \square + \square$

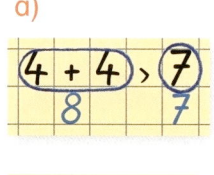

$(2 + 5) = (7)$
$\quad 7 \qquad 7$

Setz' ich ein $=$ Zeichen ein, muss links und rechts gleich viel sein.

Mengen und Zahlen bestimmen und vergleichen

Erstellt gemeinsam „Unser Mathebuch".

Erfinde Aufgaben, die andere Kinder lösen sollen. Schreibe sie ohne die Lösungen auf ein Blatt.

Klebe das Blatt auf buntes Papier.

Lass es kopieren.

Schreibe auf die Kopie die Lösungen. Ein anderes Kind überprüft.

Stecke dein Aufgabenblatt mit dem Lösungsblatt dahinter in eine Klarsichthülle.

Sammelt eure Blätter in dem Ordner „Unser Mathebuch".

Bearbeite ein Blatt, wenn du Zeit hast.
Sprich mit dem Autorenkind:
Es ist schön, dass …
Ich verstehe nicht …
Kann die Lösung stimmen? …

Hier entdecke ich 2 Fehler. Findest du sie?

Name: Hannes

$6 < 7$ $4 + 4 = 8$

$3 > 4$ $3 + 3 > 4$

$7 < 10$ $5 + 5 < 9$

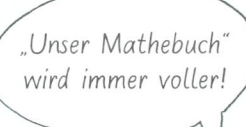

„Unser Mathebuch" wird immer voller!

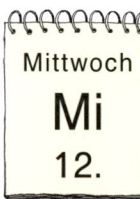

Montag	Dienstag	Mittwoch	Donnerstag	Freitag	Samstag	Sonntag
Mo	Di	Mi	Do	Fr	Sa	So
10.	11.	12.	13.	14.	15.	16.

① Was macht Bibu an welchem Tag? Erzähle.

Was machst du an diesen Wochentagen? Erzähle.

② Male die Tabelle in dein Heft. Ergänze.

| 2 Tage früher | 1 Tag früher | | 1 Tag später | 2 Tage später |

vorgestern	gestern	heute	morgen	übermorgen
		Samstag		
	Sonntag			
Dienstag				
			Montag	
				Freitag

Heute ist ...! Ergänze die Tabelle.

Eine **Woche** hat **7 Tage**:
Montag
Dienstag
Mittwoch
Donnerstag
Freitag
Samstag
Sonntag

③ a)

Mo ☐-mal schlafen Sa

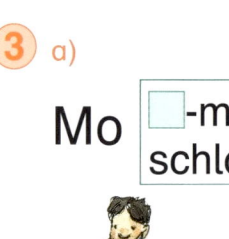

b)

Do ☐-mal schlafen Mo

c)

Di ☐-mal schlafen Fr

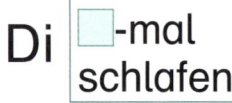

d)

Mi ☐-mal schlafen Mi

1 Lege auf jede Zahl ein Plättchen. Zähle.

2 Für jeden Tag eine Kerze!
a) Sind es genug? Schätze!
b) Wie überprüfst du?

eins
zwei
drei
vier
fünf
sechs
sieben
acht
neun
zehn
elf
zwölf
dreizehn
vierzehn
fünfzehn
sechzehn
siebzehn
achtzehn
neunzehn
zwanzig
einundzwanzig
zweiundzwanzig
dreiundzwanzig
vierundzwanzig

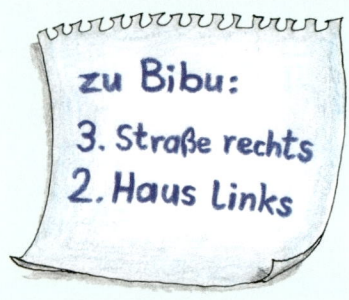

zu Bibu:
3. Straße rechts
2. Haus links

ICH + DU

Beschreibe einen Weg. Dein Partner nennt das Ziel.

Ich biege die 3. Straße links ab und gehe in das 1. Haus links. Wo gehe ich hin?

1 Wie kommt der Nikolaus zu den Kindern?

a) Armin b) Samuel c) Sonja d) Ludwig e) Luisa f) Leila

5. Straße — Antonia, Jakob, Obst und Gemüse HUSUR, Ludwig

5. Straße — Maria, Buchhandlung BÜCHERWURM

4. Straße — Erkan, Hannes, Luisa

4. Straße — Armin, Leila, SCHULE

3. Straße — Spielwaren YO-YO, Samuel

3. Straße — Bäckerei KNUSPERHAUS, Christian, Moritz

2. Straße — Resul, Frisör WETTERFEST

2. Straße — Sara, Metzgerei FRISCH, Sonja

Hauptstraße

1. Straße — Tim

1. Straße — Steffi, Fabian

links — rechts

2 Der Nikolaus besucht deine Klasse. Wie kommt er von der Tür zu deinem Platz? Male und schreibe.

3 **ICH + DU** Beschreibt euch Wege im Klassenzimmer.

1 ICH + DU + WIR ▸ Wie stellt ihr diese Flächenformen her?
Erklärt.

2 Bastle ebenso.

a)
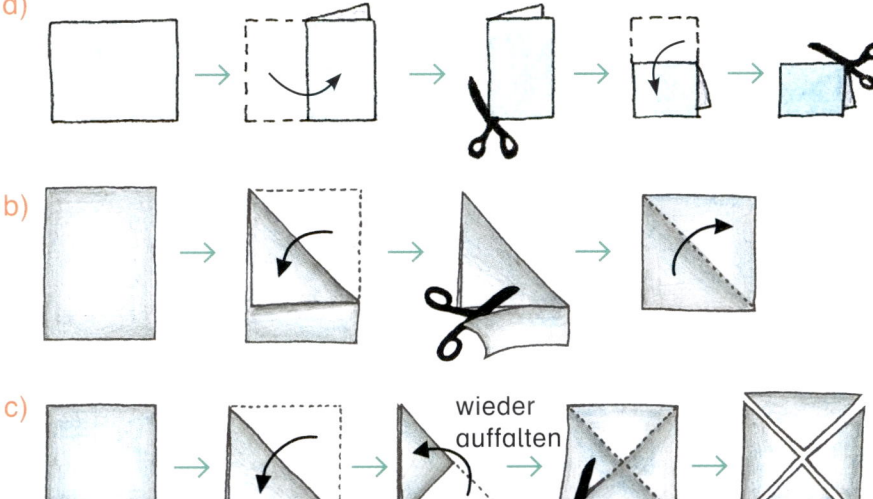

b)

c) wieder auffalten

d)
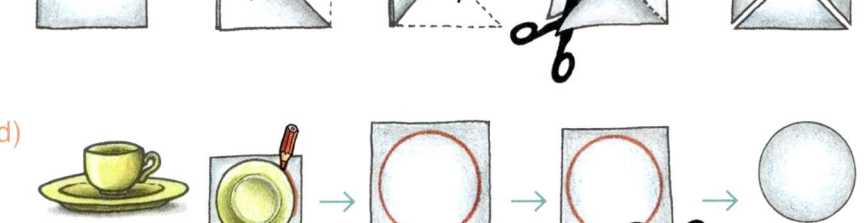

3 ICH + DU ▸ Bemalt Flächenformen und schmückt damit
das Klassenzimmer.

4 Was entsteht?

a)
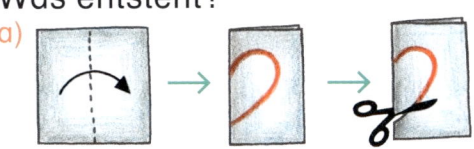

b)
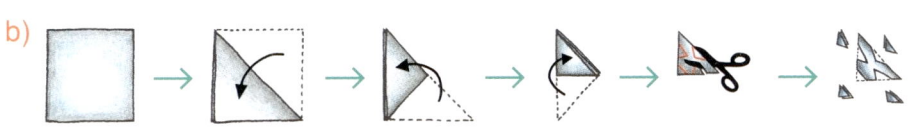

Flächenformen
tasten

*Hier sind alle
Seiten gleich lang:
ein Quadrat.*

Merken!

☐ Quadrat ◇

▯ ▭ Rechteck |

△ Dreieck ◁

◯ Kreis

Tricks für ➕ Aufgaben

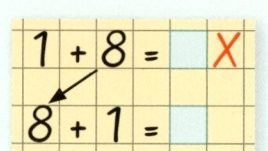

1 **ICH** ▶ Welche Tricks helfen? Rechne und markiere so:

X Trick: Tauschaufgabe   X Trick mit der 5

a)	b)	c)	d)
1 + 8 = ☐	5 + 0 = ☐	2 + 5 = ☐	2 + 6 = ☐
5 + 1 = ☐	3 + 6 = ☐	1 + 9 = ☐	5 + 4 = ☐
4 + 6 = ☐	4 + 5 = ☐	5 + 3 = ☐	1 + 5 = ☐
3 + 5 = ☐	1 + 7 = ☐	3 + 7 = ☐	1 + 6 = ☐
2 + 7 = ☐	5 + 5 = ☐	2 + 8 = ☐	0 + 5 = ☐

DU ▶ Wie hat dein Partnerkind gerechnet? Vergleicht.

WIR ▶ Vergleicht eure Rechenwege in der Klasse.

Schöner Turm!

☐ + ☐ = 7
☐ + ☐ = 7
☐ + ☐ = 7
☐ + ☐ = 7

2 Schöne Türme! Was entdeckst du? Setze fort.

a)	b)	c)	d)
1 + 6 = ☐	1 + 7 = ☐	1 + 8 = ☐	1 + 9 = ☐
2 + 5 = ☐	2 + 6 = ☐	2 + 7 = ☐	2 + 8 = ☐
3 + 4 = ☐	3 + ☐ = ☐	3 + ☐ = ☐	3 + ☐ = ☐
4 + ☐ = ☐	☐ + ☐ = ☐	☐ + ☐ = ☐	☐ + ☐ = ☐
☐ + ☐ = ☐	☐ + ☐ = ☐	☐ + ☐ = ☐	☐ + ☐ = ☐

---

3 Achtung, Fehler (8)! Schreibe alles richtig auf.

a)	b)	c)	d)
1 + 8 = 9	3 + 5 = 7	2 + 6 = 8	5 + 4 = 9
5 + 2 = 8	9 + 1 = 10	1 + 7 = 9	7 + 3 = 9
4 + 5 = 9	6 + 3 = 8	1 + 5 = 7	1 + 6 = 8
1 + 9 = 10	4 + 6 = 9	3 + 7 = 10	8 + 1 = 9

---

4 Aufgabenpaare! Was fällt dir auf? Warum ist das so?

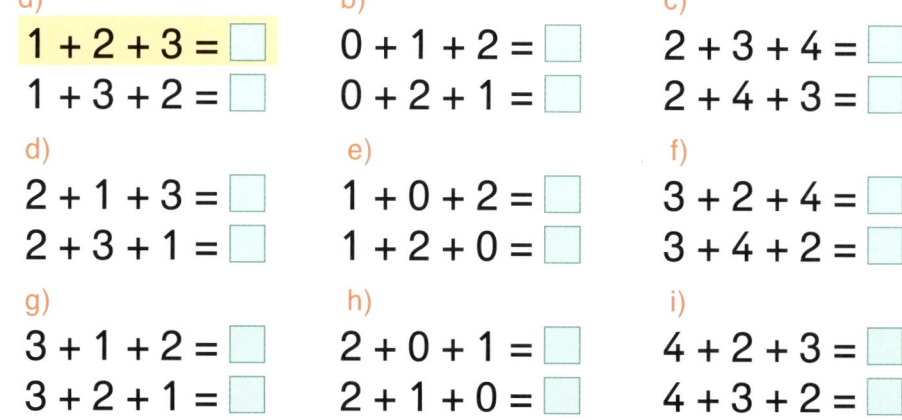

a)	b)	c)
1 + 2 + 3 = ☐	0 + 1 + 2 = ☐	2 + 3 + 4 = ☐
1 + 3 + 2 = ☐	0 + 2 + 1 = ☐	2 + 4 + 3 = ☐
d)	**e)**	**f)**
2 + 1 + 3 = ☐	1 + 0 + 2 = ☐	3 + 2 + 4 = ☐
2 + 3 + 1 = ☐	1 + 2 + 0 = ☐	3 + 4 + 2 = ☐
g)	**h)**	**i)**
3 + 1 + 2 = ☐	2 + 0 + 1 = ☐	4 + 2 + 3 = ☐
3 + 2 + 1 = ☐	2 + 1 + 0 = ☐	4 + 3 + 2 = ☐

Erfinde weitere Aufgabenpaare.

1 Zerlegungspaare!

2 Schreibe Zerlegungspaare.

a) ●●●

b) ●●●●●

c) ●●●●●●●●●

d) ●●●●

e) ●●●●●●●●

f) ●●●●●●●●●●

Zerlegungspaare!
Male und
schreibe.

6 = ☐ + ☐

6 = ☐ + ☐

3 Wie wurde hier zerlegt? Erkläre.

a)
3	
0	☐
☐	0
1	☐
☐	1

b)
4	
0	☐
☐	0
1	☐
☐	1
2	☐

c)
5	
0	☐
☐	0
1	☐
☐	1
2	☐
☐	2

d)
6	
0	☐
☐	0
1	☐
☐	1
2	☐
☐	2
3	☐

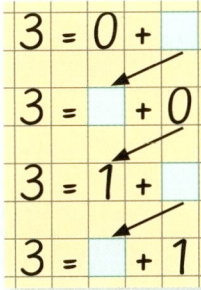

e)
7	
0	☐
☐	0
1	☐
☐	1
2	☐
☐	2
3	☐
☐	3

f)
8	
0	☐
☐	0
1	☐
☐	1
2	☐
☐	2
3	☐
☐	3
4	☐

g)
9	
0	☐
☐	0
1	☐
☐	1
2	☐
☐	2
3	☐
☐	3
4	☐

h)
10	
0	☐
☐	0
1	☐
☐	1
2	☐
☐	2
3	☐
☐	3
4	☐
☐	4
5	☐

Zerlege mehrmals.

10 = ☐ + ☐ + ☐

9 = ☐ + ☐ + ☐

8 = ☐ + ☐ + ☐

Aufgaben entdecken

Seite 12, Aufgabe 2   Rechengeschichten

1 Schau genau! Erzähle und erkläre Zahlen und Zeichen.

Am Anfang …   Dann …   Am Ende …

Rechengeschichte

… sind es ☐ Kinder.   … geht ☐ Kind weg.   … sind es ☐ Kinder.

Rechnung

4 – 1 = 3
minus   ist gleich

2 Wo (2) passt 4 – 1 = 3? Begründe.

a)

b)

c)

Sei schlau,
schau genau!

Es werden
weniger:

4 – 1 = 3

4 minus 1 $\genfrac{}{}{0pt}{}{\text{ist}}{\text{gleich}}$ 3

3 ist das
Ergebnis.

3 Male ⊖ Geschichten und rechne dazu.

Rechnen mit – 0, – 1, – 2, – 3, – 4

1 Schöne Türme! Was entdeckst du? Setze fort.
Untersuche 1. Zahl, 2. Zahl und das Ergebnis.

Das Ergebnis wird immer um ☐ kleiner.

a)
10 – 1 = ☐
9 – 1 = ☐
8 – 1 = ☐
7 – 1 = ☐

b)
10 – 2 = ☐
9 – 2 = ☐
8 – 2 = ☐
7 – 2 = ☐

c)
10 – 3 = ☐
9 – 3 = ☐
8 – 3 = ☐
7 – 3 = ☐

d)
10 – 4 = ☐
9 – 4 = ☐
8 – 4 = ☐
7 – 4 = ☐

2 Bilde Rechentürme. Vergleiche mit deinem Partnerkind.

a)
☐ – ☐ = 5
☐ – ☐ = 6
☐ – ☐ = 7
☐ – ☐ = 8

b)
☐ – ☐ = 5
☐ – ☐ = 4
☐ – ☐ = 3
☐ – ☐ = 2

c)
☐ – ☐ = 6
☐ – ☐ = 6
☐ – ☐ = 6
☐ – ☐ = 6

Erfinde eigene
Rechentürme.

3 Rechne.

Über die Finger in den Kopf.

a)
4 – 1 = ☐
9 – 4 = ☐
9 – 3 = ☐
5 – 2 = ☐

b)
9 – 2 = ☐
10 – 4 = ☐
8 – 1 = ☐
7 – 3 = ☐

c)
10 – 0 = ☐
8 – 3 = ☐
6 – 1 = ☐
3 – 2 = ☐

d)
7 – 4 = ☐
10 – 2 = ☐
9 – 0 = ☐
3 – 3 = ☐

e)
10 – 3 = ☐
9 – 1 = ☐
4 – 0 = ☐
8 – 4 = ☐

f)
8 – 0 = ☐
6 – 2 = ☐
10 – 1 = ☐
5 – 3 = ☐

g)
7 – 1 = ☐
5 – 0 = ☐
7 – 2 = ☐
6 – 4 = ☐

h)
8 – 2 = ☐
6 – 3 = ☐
5 – 1 = ☐
7 – 0 = ☐

4 **ICH + DU** Fragt euch regelmäßig ab.
Übt mit den Kärtchen aus dem Arbeitsheft.

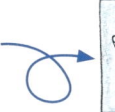
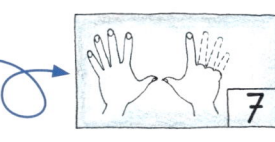

1. Übungsziel:
Anfangsfinger
legen –
Minusfinger
denken!

2. Übungsziel:
Keine Finger legen
– alle Finger
denken!

→ S. 136

Der Trick mit der 5

⏱ Seite 26, Aufgaben 1 und 3   Der Trick mit der 5

1

$$9 - 5 = \square$$

ICH + DU + WIR ▸ Wie rechnest du? Wie rechnen andere? Erklärt euch eure Tricks.

2 Rechne. Erkläre den Trick.

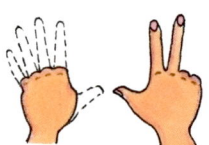 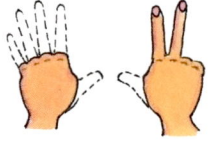 

a)

$8 - 5 = \square$
$7 - 5 = \square$
$9 - 5 = \square$
$10 - 5 = \square$
$6 - 5 = \square$

b)

$8 - 6 = \square$ denn $8 - 5 - 1 = \square$
$7 - 6 = \square$ denn $7 - 5 - 1 = \square$
$9 - 6 = \square$ denn $9 - 5 - 1 = \square$
$10 - 6 = \square$ denn $10 - 5 - 1 = \square$
$6 - 6 = \square$ denn $6 - 5 - 1 = \square$

3 Wie rechnest du?

a)

$5 - 5 = \square$
$10 - 5 = \square$
$5 - 4 = \square$
$10 - 4 = \square$

b)

$5 - 3 = \square$
$10 - 3 = \square$
$5 - 1 = \square$
$10 - 1 = \square$

c)

$5 - 2 = \square$
$10 - 2 = \square$
$5 - 0 = \square$
$10 - 0 = \square$

d)

$10 - 6 = \square$
$7 - 6 = \square$
$9 - 6 = \square$
$8 - 6 = \square$

4 0 Finger!
- Legt 10 Finger.
- Zieht immer die gewürfelte Augenzahl ab.
- Ziel: 0 Finger!

Der Trick mit der 5

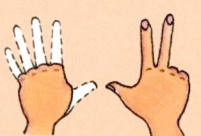

Über die Finger in den Kopf:
1. 5 von links her wegnehmen.
2. Die 5er-Hand wegdenken.
3. Sich alles vorstellen.

1 8 − 6 = ☐ Wer zeigt geschickter? Begründe.

Am Anfang …   Dann …   Am Ende …

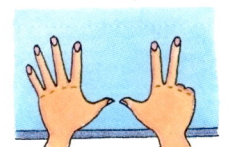  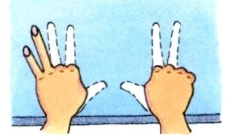  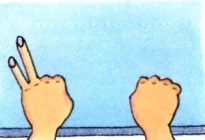

Luisa

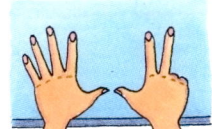   

Hannes

2 Schöne Türme! Was entdeckst du? Beschreibe.

a)	b)	c)	d)
10 − 6 = ☐	10 − 7 = ☐	10 − 8 = ☐	10 − 9 = ☐
9 − 6 = ☐	9 − 7 = ☐	9 − 8 = ☐	9 − 9 = ☐
8 − 6 = ☐	8 − 7 = ☐	8 − 8 = ☐	
7 − 6 = ☐	7 − 7 = ☐		
6 − 6 = ☐			

Die 1. Zahl wird immer um ☐ kleiner. Die 2. Zahl …

3 ICH + DU ▶ Wie rechnest du? Wie rechnet dein Partnerkind? Tauscht euch aus.

a)	b)	c)	d)
6 − 3 = ☐	9 − 7 = ☐	7 − 2 = ☐	8 − 6 = ☐
8 − 7 = ☐	7 − 3 = ☐	10 − 9 = ☐	6 − 2 = ☐
9 − 2 = ☐	6 − 5 = ☐	8 − 3 = ☐	7 − 5 = ☐
7 − 4 = ☐	8 − 4 = ☐	9 − 8 = ☐	9 − 6 = ☐

1, 1, 1, 1, 2, 2, 2, 3, 3, 3, 4, 4, 4, 5, 5, 7

4 Bilde aus den Ergebnispaaren ⊖ Aufgaben. Was entdeckst du? Erkläre.

a)	b)	c)	d)
4 + 3 = ☐	6 + 4 = ☐	5 + 5 = ☐	8 + 1 = ☐
4 − 3 = ☐	6 − 4 = ☐	5 − 5 = ☐	8 − 1 = ☐

5 Rechne weitere Aufgabenpaare wie in Aufgabe 4.

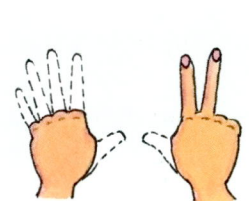

Rechentrick für große Zahlen: − 6, − 7, − 8, − 9 von links wegnehmen!

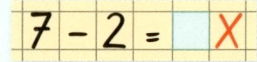

$7 - 2 = \boxed{} \; \text{X}$

1 **ICH** ▶ Welche Tricks helfen? Rechne und markiere so:

X Trick: Kleine Zahlen von rechts wegnehmen

X Trick mit der 5

X Trick: Große Zahlen von links wegnehmen

a)
$7 - 2 = \square$
$6 - 5 = \square$
$10 - 8 = \square$
$8 - 6 = \square$

b)
$10 - 5 = \square$
$9 - 1 = \square$
$5 - 4 = \square$
$8 - 7 = \square$

c)
$9 - 6 = \square$
$6 - 4 = \square$
$7 - 3 = \square$
$8 - 5 = \square$

d)
$6 - 6 = \square$
$8 - 4 = \square$
$9 - 2 = \square$
$7 - 5 = \square$

e)
$10 - 6 = \square$
$7 - 4 = \square$
$9 - 3 = \square$
$6 - 1 = \square$

f)
$8 - 2 = \square$
$9 - 5 = \square$
$7 - 6 = \square$
$6 - 3 = \square$

g)
$5 - 5 = \square$
$6 - 2 = \square$
$9 - 4 = \square$
$8 - 7 = \square$

h)
$8 - 3 = \square$
$10 - 9 = \square$
$5 - 3 = \square$
$9 - 7 = \square$

DU ▶ Wie hat dein Partnerkind gerechnet? Vergleicht.

WIR ▶ Vergleicht eure Rechenwege in der Klasse.

2 Achtung, Fehler (8)! Schreibe alles richtig auf.

a)
$10 - 3 = 7$
$5 - 3 = 1$
$9 - 4 = 3$
$8 - 1 = 7$
$7 - 5 = 2$

b)
$7 - 7 = 1$
$8 - 3 = 4$
$6 - 5 = 1$
$10 - 4 = 4$
$9 - 6 = 3$

c)
$8 - 6 = 2$
$9 - 7 = 2$
$10 - 8 = 2$
$6 - 4 = 2$
$7 - 4 = 2$

d)
$5 - 5 = 0$
$8 - 5 = 2$
$4 - 3 = 7$
$7 - 1 = 6$
$9 - 2 = 7$

Schreibe Fehleraufgaben für „Unser Mathebuch".

3 Aufgabenpaare! Was fällt dir auf? Warum ist das so?

a)
$8 - 3 - 2 = \square$
$8 - 2 - 3 = \square$

b)
$10 - 5 - 1 = \square$
$10 - 1 - 5 = \square$

c)
$9 - 3 - 4 = \square$
$9 - 4 - 3 = \square$

d)
$8 - 1 - 4 = \square$
$8 - 4 - 1 = \square$

e)
$10 - 0 - 6 = \square$
$10 - 6 - 0 = \square$

f)
$9 - 2 - 5 = \square$
$9 - 5 - 2 = \square$

g)
$8 - 5 - 0 = \square$
$8 - 0 - 5 = \square$

h)
$10 - 2 - 4 = \square$
$10 - 4 - 2 = \square$

i)
$9 - 1 - 6 = \square$
$9 - 6 - 1 = \square$

Erfinde weitere Aufgabenpaare.

1 ⟨ICH + DU + WIR⟩ Findet ➖ Aufgaben mit diesen Zahlen:

| 8 | 3 | 5 |

2 Wie rechnen die Kinder? Erkläre.

Probiert auch mit anderen Zahlen.

3 Schreibe immer zwei verwandte ➖ Aufgaben.

a) | 8 | 7 | 1 | b) | 8 | 3 | 5 | c) | 7 | 5 | 2 |

d) | 2 | 4 | 6 | e) | 9 | 7 | 2 | f) | 4 | 6 | 10 |

| 8 – 1 = |
| 8 – 7 = |

4 Schreibe jeweils nur die verwandten ➖ Aufgaben.

a)	b)	c)	d)
9 – 3 = 6	7 – 5 = 2	5 – 1 = 4	6 – 1 = 5
9 – 0 = 9	7 – 1 = 6	5 – 3 = 2	6 – 5 = 1
9 – 6 = 3	7 – 6 = 1	5 – 2 = 3	6 – 6 = 0

5 Finde die 3. Zahl. Schreibe die verwandten ➖ Aufgaben.
Es gibt jeweils 2 Möglichkeiten.

a) | 3 | 4 | ? | b) | 5 | 2 | ? | c) | 1 | 4 | ? |

d) | 7 | 3 | ? | e) | 5 | 4 | ? | f) | 3 | 1 | ? |

| 4 – 3 = |
| 4 – ☐ = 3 |
| oder: |
| ☐ – 3 = 4 |
| ☐ – 4 = 3 |

6 Nur 2 Zahlen! Was entdeckst du hier?

a) | 8 | 4 | b) | 2 | 4 | c) | 6 | 3 | d) | 10 | 5 |

Verwandte ➖ Aufgaben
8 – 2 = 6
8 – 6 = 2

7 Schreibe weitere verwandte ➖ Aufgaben.

Bibus Rechenburg

1 ICH + DU + WIR ▸ Was entdeckt ihr in Bibus Rechenburg? Untersucht Zeilen und Spalten.

2 Rechne 20 Aufgaben. Wie gehst du vor?

Zeile

Spalte

0+10	1+9	2+8	3+7	4+6	5+5	6+4	7+3	8+2	9+1	10+0	10−0
0+9	1+8	2+7	3+6	4+5	5+4	6+3	7+2	8+1	9+0	9−0	10−1
0+8	1+7	2+6	3+5	4+4	5+3	6+2	7+1	8+0	8−0	9−1	10−2
0+7	1+6	2+5	3+4	4+3	5+2	6+1	7+0	7−0	8−1	9−2	10−3
0+6	1+5	2+4	3+3	4+2	5+1	6+0	6−0	7−1	8−2	9−3	10−4
0+5	1+4	2+3	3+2	4+1	5+0	5−0	6−1	7−2	8−3	9−4	10−5
0+4	1+3	2+2	3+1	4+0	4−0	5−1	6−2	7−3	8−4	9−5	10−6
0+3	1+2	2+1	3+0	3−0	4−1	5−2	6−3	7−4	8−5	9−6	10−7
0+2	1+1	2+0	2−0	3−1	4−2	5−3	6−4	7−5	8−6	9−7	10−8
0+1	1+0	1−0	2−1	3−2	4−3	5−4	6−5	7−6	8−7	9−8	10−9
0+0	0−0	1−1	2−2	3−3	4−4	5−5	6−6	7−7	8−8	9−9	10−10

Rechenstrategien nutzen; arithmetische Muster beschreiben

5 Suche diese Zeile und setze fort.
Untersuche 1. Zahl, 2. Zahl und das Ergebnis.

a) 7 – 7 = ☐ 7 – 6 = ☐ 7 – 5 = ☐ 7 – 4 = ☐ ...

b) Ist das immer so? Untersuche zwei weitere Zeilen.

6 Suche diese Aufgabentreppen. Rechne weiter.

a) 0 + 0 = ☐ 1 + 0 = ☐ 2 + 0 = ☐ 3 + 0 = ☐ ...

b) 9 – 8 = ☐ 10 – 10 = ☐ ...

3 Bibus Burg!

a) Suche diesen Turm und setze fort.

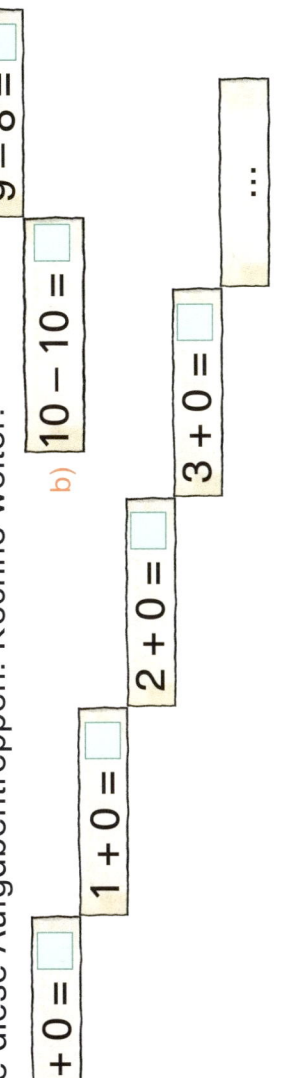

+	–
0 + 6 =	
1 + 5 =	
2 + 4 =	
3 + 3 =	
...	

Untersuche die 1. Zahl, die 2. Zahl und das Ergebnis.

b) Rechne zwei weitere Türme.
Stimmt deine Beobachtung auch hier? Erkläre.

4 Vergleiche + Aufgaben und – Aufgaben. Was entdeckst du?

Was entdeckst du noch in meiner Burg?

7 Burgspiel

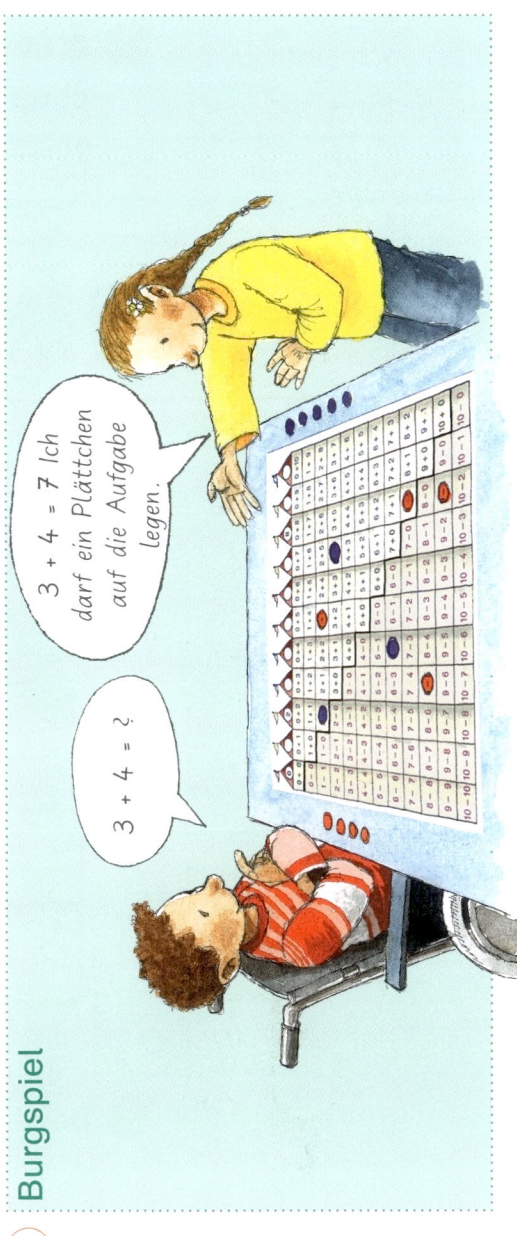

3 + 4 = ?

3 + 4 = 7 Ich darf ein Plättchen auf die Aufgabe legen.

c) Rechne weitere Aufgabentreppen.
Was fällt dir auf?

1 ICH ▸ Spaziere mit deinen Fingern über alle 5 Brücken, ohne eine Brücke zweimal zu benutzen.

DU + WIR ▸ Vergleicht eure Lösungen.

2

a) Lege diese Form.
Wie viele Quadrate siehst du?

b) Lege 2 Streichhölzer so dazu,
dass du 5 Quadrate erhältst.

3 Bewege 2 Streichhölzer so, dass du 5 Dreiecke erhältst.

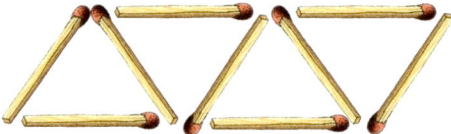

4 Bilder-Sudokus. Zeichne ab und ergänze.

a)

b)

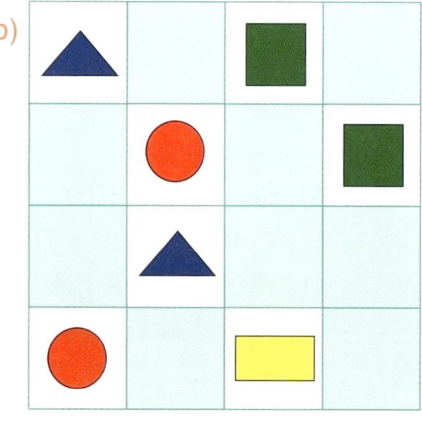

1 Schreibe zu jeder Bildreihe eine passende Rechnung.

Am Anfang …   Dann …   Am Ende …

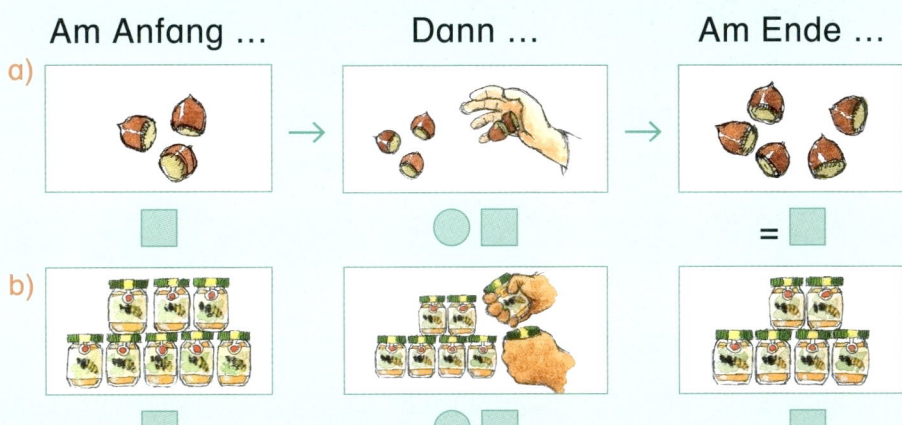

a)

⬜   ⬤ ⬜   = ⬜

b)

⬜   ⬤ ⬜   = ⬜

Bearbeite immer eine Aufgabe. Wie konntest du sie lösen? Male im Heft passend dazu:

2 Zerlege.

a) **8**
2	⬜
4	⬜
5	⬜

b) **9**
⬜	5
⬜	8
⬜	3

3 Setze ein: <, > oder =.

a)
4 + 4 ⬤ 8
2 + 3 ⬤ 6
3 + 4 ⬤ 6
6 + 1 ⬤ 8

b)
2 + 8 ⬤ 6 + 3
3 + 5 ⬤ 1 + 7
1 + 4 ⬤ 3 + 2
4 + 3 ⬤ 2 + 6

4 Wie heißen diese Flächenformen?

a) 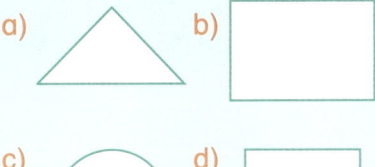   b) ⬜

c) ◯   d) ⬜

5 Schreibe den passenden Wochentag.

gestern	heute	morgen
	Dienstag	
	Sonntag	
	Freitag	
	Montag	

Alles fertig?
Überprüfe mit
Seite 54.

6
a)
6 − 2 = ⬜
9 − 2 = ⬜

b)
9 − 5 = ⬜
6 − 5 = ⬜

c)
10 − 8 = ⬜
7 − 6 = ⬜

d)
10 − 9 = ⬜
9 − 3 = ⬜

7 Rechne. Setze die Türme so weit wie möglich fort.

a)
0 + 5 = ⬜
1 + 4 = ⬜
2 + 3 = ⬜

b)
5 − 0 = ⬜
6 − 1 = ⬜
7 − 2 = ⬜

c)
1 + 9 = ⬜
1 + 8 = ⬜
1 + 7 = ⬜

d)
10 − 10 = ⬜
10 − 9 = ⬜
10 − 8 = ⬜

Du kannst schon alles? Dann schreib doch eine Das-kann-ich-schon-Seite für „Unser Mathebuch".

→ S. 44/2

1 Schreibe zu jeder Bildreihe eine passende Rechnung.

Am Anfang ...   Dann ...   Am Ende ...

a) 3   + 2   = 5

b) 8   − 2   = 6

2 Zerlege.

a) 8
2	6
4	4
5	3

b) 9
4	5
1	8
6	3

→ S. 35/6
→ S. 36/2, 3

3 Setze ein: <, > oder =.

a)
4 + 4 = 8
2 + 3 < 6
3 + 4 > 6
6 + 1 < 8

b)
2 + 8 > 6 + 3
3 + 5 = 1 + 7
1 + 4 = 3 + 2
4 + 3 < 2 + 6

4 Wie heißen diese Flächenformen?

a) Dreieck   b) Rechteck

c) Kreis   d) Quadrat

→ S. 41/1
→ S. 38/1, 2

5 Schreibe den passenden Wochentag.

gestern	heute	morgen
Montag	Dienstag	Mittwoch
Samstag	Sonntag	Montag
Donnerstag	Freitag	Samstag
Sonntag	Montag	Dienstag

→ S. 45/3
S. 46/2
S. 47/2, 3

6
a) 6 − 2 = 4   b) 9 − 5 = 4   c) 10 − 8 = 2   d) 10 − 9 = 1
9 − 2 = 7   6 − 5 = 1   7 − 6 = 1   9 − 3 = 6

7 Rechne. Setze die Türme so weit wie möglich fort.

a)
0 + 5 = 5
1 + 4 = 5
2 + 3 = 5
3 + 2 = 5
4 + 1 = 5
5 + 0 = 5

b)
5 − 0 = 5
6 − 1 = 5
7 − 2 = 5
8 − 3 = 5
9 − 4 = 5
10 − 5 = 5

c)
1 + 9 = 10
1 + 8 = 9
1 + 7 = 8
1 + 6 = 7
⋮
1 + 0 = 1

d)
10 − 10 = 0
10 − 9 = 1
10 − 8 = 2
10 − 7 = 3
⋮
10 − 0 = 10

→ S. 50

1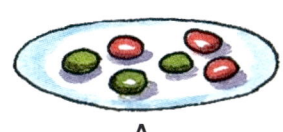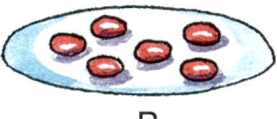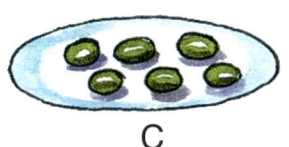

A   B   C

ICH Ziehe blind aus solchen Tellern jeweils 20-mal eine Traube und lege sie wieder zurück. Notiere deine Ergebnisse.

DU + WIR Vergleiche die Ergebnisse mit denen anderer Kinder. Was stellst du fest? Begründe.

2

A   B   C

Benjamin zieht aus jedem Teller einmal.
Mit welcher Chance zieht er ?
Schreibe passend: sicher, möglich oder unmöglich.

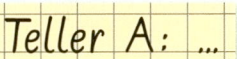

Teller A: ...

3

A   B   C

Sara zieht nur grüne Trauben. Nach der wievielten erkennt sie den Teller sicher? Begründe.

4 Du ziehst blind ein Los.  Gewinn Niete

A   B   C

a) Wo hast du die beste Chance? Begründe.
b) Wie viele Lose musst du ziehen, um sicher zu erhalten?

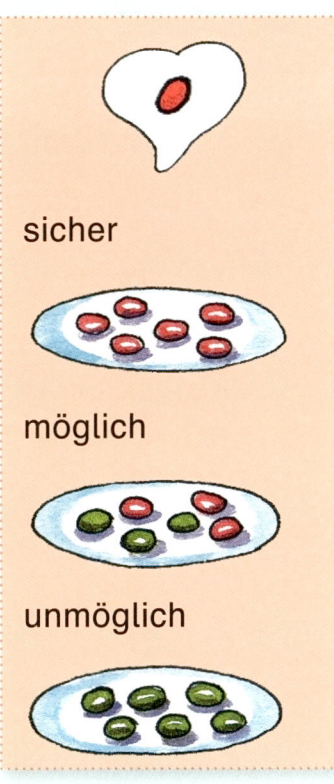

sicher

möglich

unmöglich

einfache Skizzen

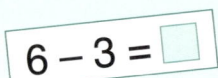

$6 - 3 = \square$

$8 - 4 = \square$

Ich male nur, was für die Rechnung wirklich wichtig ist.

1 a) Welche Rechnung passt zu welcher Geschichte? Begründe.

A

B

b) Erzähle zu jeder Rechnung: Am Anfang ... Dann ... Am Ende ...

c) Male jede Geschichte in 3 einfachen Bildern.

2 Was ist wichtig? Erzähle. Male jeweils 3 einfache Bilder.

A

B

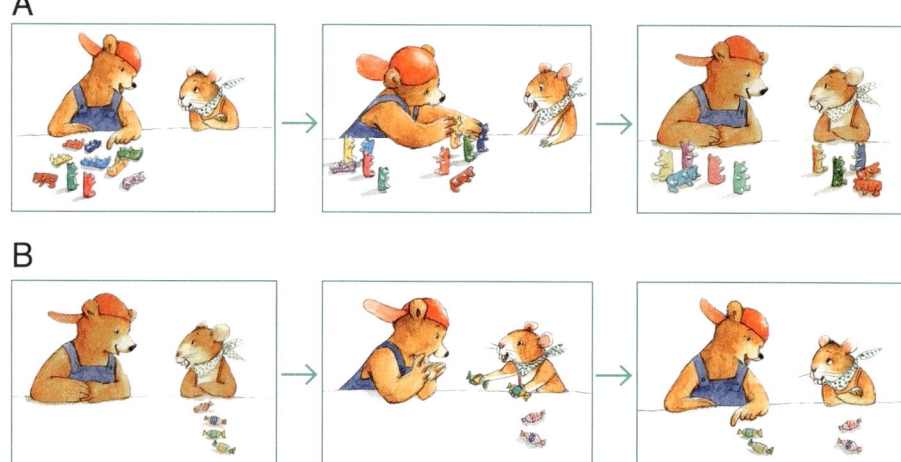

3 Spielt diese Rechengeschichten und verwendet andere Zahlen.
Zeichnet diese Rechengeschichten für „Unser Mathebuch". → S. 37

Sachsituationen: Einfache Darstellungsformen für das Bearbeiten mathematischer Probleme nutzen

4 a) Bibu hat 6 Mandarinen.

Hansi Hamster hat 2 Mandarinen mehr.

F: Wie viele Mandarinen hat Hansi?

Erstelle eine **Skizze (S)** und rechne.

b) So löst Benjamin die Aufgabe. Erkläre.

S: Bibu: ○○○○○○
   Hansi: ○○○○○○ ⬭○○   *2 mehr.*

R: 6 + 2 = ☐

A: ☐ Mandarinen hat Hansi.

5 Bibu hat 6 Flaschen Apfelsaft.

Hansi hat 4 Flaschen mehr.

F: Wie viele Flaschen hat Hansi?

S, R, A.

6 Bibu hat 10 Erdbeeren.

Hansi hat 6 weniger.

F: Wie viele Erdbeeren hat Hansi?

S, R, A.

7 Hansi und Bibu haben zusammen 10 Stifte.

Bibu hat 2 Stifte mehr als Hansi.

F1: Wie viele Stifte hat Hansi?

F2: Wie viele Stifte hat Bibu?

S, R, A.

8 Erfinde eine Rechengeschichte zu

a) … hat mehr als …   b) … hat weniger als …

Zeichne einfach,
zeichne klar,
schon stellt sich
die Lösung dar.

Platzhalter

1

ICH + DU + WIR ▶ Wie rechnest du? Wie rechnen andere? Erklärt euch eure Tricks.

Hier steht der Platzhalter.

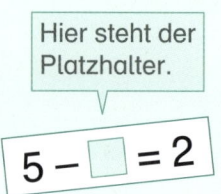

$5 - \square = 2$

$5 + \square = 8$

$4 + \square = 7$

$5 + \square = 9$

$6 - \square = 4$

$6 + \square = 9$

$5 - \square = 1$

$4 - \square = 1$

Erfinde eigene Rechengeschichten mit Platzhalter.

2 Erzähle. Finde die passende Rechenaufgabe.

Am Anfang …	Dann …	Am Ende …

a) 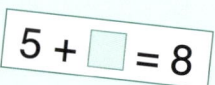 → ? →

b) → ? →

c) → ? →

d) → ? →

e) → ? →

f) → ? →

g) → ? →

h) → ? →

Zusammenhänge zwischen Sachsituationen und Rechenoperationen aufzeigen

3

a)

$5 + \square = 8$
$5 + \square = 9$
$4 + \square = 8$
$4 + \square = 9$
$3 + \square = 8$
$3 + \square = 9$

b)

$2 + \square = 10$
$2 + \square = 7$
$3 + \square = 10$
$3 + \square = 7$
$4 + \square = 10$
$4 + \square = 7$

c)

$6 + \square = 9$
$6 + \square = 8$
$7 + \square = 9$
$7 + \square = 8$
$8 + \square = 9$
$8 + \square = 8$

d)

$5 + \square = 7$
$5 + \square = 10$
$1 + \square = 7$
$1 + \square = 10$
$6 + \square = 7$
$6 + \square = 10$

0, 1, 1, 1, 2, 2, 2, 3, 3, 3, 4, 4, 4, 5, 5, 5, 5, 6, 6, 6, 7, 8, 9

4

a)

$5 - \square = 3$
$6 - \square = 3$
$5 - \square = 2$
$6 - \square = 2$
$5 - \square = 1$
$6 - \square = 1$

b)

$10 - \square = 3$
$9 - \square = 3$
$10 - \square = 4$
$9 - \square = 4$
$10 - \square = 5$
$9 - \square = 5$

c)

$8 - \square = 3$
$7 - \square = 3$
$8 - \square = 2$
$7 - \square = 2$
$8 - \square = 1$
$7 - \square = 1$

d)

$9 - \square = 2$
$10 - \square = 2$
$9 - \square = 6$
$10 - \square = 6$
$9 - \square = 7$
$10 - \square = 7$

2, 2, 3, 3, 3, 3, 4, 4, 4, 4, 5, 5, 5, 5, 5, 6, 6, 6, 6, 7, 7, 7, 8

5 Gefährliche 0!

a)

$5 + \square = 5$
$5 - \square = 5$
$5 - \square = 0$

b)

$10 - \square = 0$
$10 - \square = 10$
$10 + \square = 10$

c)

$8 - \square = 8$
$8 + \square = 8$
$8 - \square = 0$

d)

$7 + \square = 7$
$7 - \square = 0$
$7 - \square = 7$

Erfinde weitere
Aufgaben mit 0.

6 Male Rechengeschichten in drei Bildern.
In welches Bild gehört ein Fragezeichen?

a)

$3 + \square = 4$

b)

$6 - \square = 2$

c)

$4 + \square = 7$

d)

$8 - \square = 4$

7 Würfelzahlen erraten

Ich habe 4 gewürfelt.

Zusammen haben wir 9.
Was habe ich gewürfelt?

Erfinde Platzhalteraufgaben mit + und −.

Rechnungen erzählen

Am Anfang …	Dann …	Am Ende …
6	− $\square$	= 4
5	+ $\square$	= 9

Würfeln mit 1 Würfel

1 Du sollst 18-mal würfeln.

ICH ▸ Vermute zuerst: Wie oft würfelst du die Zahlen?

☐-mal   ☐-mal   ☐-mal

☐-mal   ☐-mal   ☐-mal

DU ▸ Würfelt. Notiert eure Ergebnisse.

WIR ▸ Erstellt eine Strichliste für die ganze Klasse.
Was fällt auf? Warum ist das so?

2 Bilde passende Sätze (4). Welches Wort bleibt übrig?
Die Zahl ☐ zu würfeln ist ☐ .

8		möglich
3		sicher
0		unmöglich
5		

3 Verändere den Würfel: Überklebe 🎲 🎲 🎲 🎲 mit
🎲. Du sollst 18-mal würfeln.

ICH ▸ Vermute zuerst: Wie oft würfelst du die Zahlen?

☐-mal   ☐-mal

DU ▸ Würfelt. Notiert eure Ergebnisse.

WIR ▸ Erstellt eine Strichliste für die ganze Klasse.
Was fällt auf? Warum ist das so?

4 Wie kannst du einen Würfel verändern, ...

a) ... um sicher eine 1 zu würfeln?

b) ... um unmöglich eine 5 zu würfeln?

c) ... um entweder 3 oder 4 zu würfeln.

Erfinde eigene
Würfelrätsel.

Zufallsexperimente durchführen; Begriffe *sicher*, *möglich* und *unmöglich* nutzen

⏱ Seite 19, Aufgabe 2   < , > oder =

1 Zahlen ziehen

- Jeder braucht: Verdeckte Zahlkärtchen von 0 bis 5.
- Deckt gleichzeitig zwei Kärtchen auf und zählt die Zahlen zusammen.

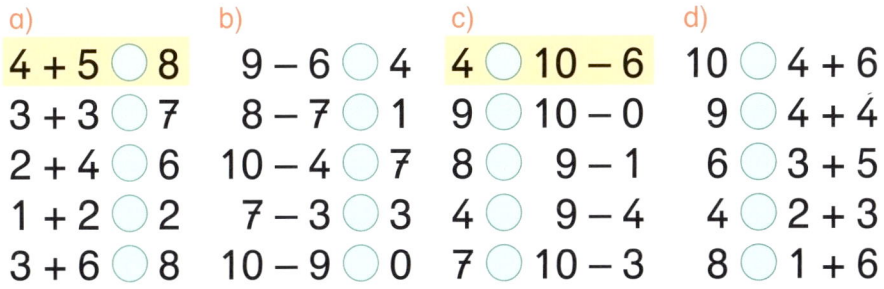

2 Setze ein: < (7), > (7) oder = (6).

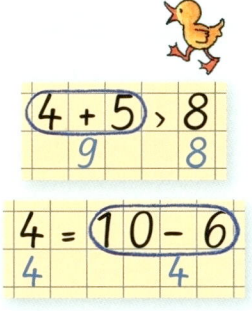

a)	b)	c)	d)
4 + 5 ◯ 8	9 − 6 ◯ 4	4 ◯ 10 − 6	10 ◯ 4 + 6
3 + 3 ◯ 7	8 − 7 ◯ 1	9 ◯ 10 − 0	9 ◯ 4 + 4
2 + 4 ◯ 6	10 − 4 ◯ 7	8 ◯ 9 − 1	6 ◯ 3 + 5
1 + 2 ◯ 2	7 − 3 ◯ 3	4 ◯ 9 − 4	4 ◯ 2 + 3
3 + 6 ◯ 8	10 − 9 ◯ 0	7 ◯ 10 − 3	8 ◯ 1 + 6

3 Ordne: Ergebnisse < 5 (10), Ergebnisse > 5 (10).

9 − 7	1 + 3	4 + 5	10 − 9	3 + 1
10 − 3	1 + 9	10 − 8	8 − 7	4 + 6
10 − 1	10 − 10	2 + 4	8 − 8	10 − 6
8 − 2	3 + 6	9 − 3	1 + 9	9 − 6

‹ 5	› 5
9 − 7	10 − 3

4 Setze ein: < (6), > (7) oder = (2).
Hier musst du nicht rechnen. Warum?

a)	b)	c)
6 + 2 ◯ 6 + 1	8 − 5 ◯ 8 − 6	4 + 6 ◯ 6 + 4
1 + 6 ◯ 1 + 7	9 − 7 ◯ 9 − 6	1 + 8 ◯ 8 + 1
2 + 3 ◯ 2 + 2	5 − 5 ◯ 5 − 4	9 − 3 ◯ 10 − 3
4 + 5 ◯ 4 + 4	10 − 8 ◯ 10 − 9	10 − 7 ◯ 8 − 7
3 + 6 ◯ 3 + 7	10 − 5 ◯ 10 − 4	9 − 4 ◯ 7 − 4

Erfinde Aufgaben zu:

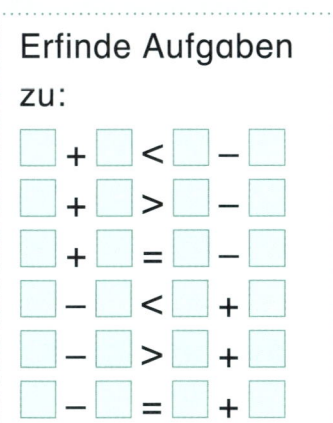

1 Wie hängen Aufgabe und Umkehraufgabe zusammen? Erkläre.

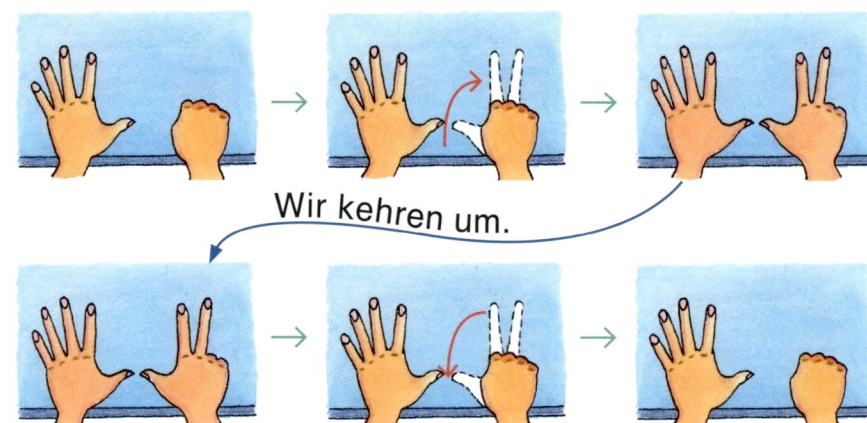

Wir kehren um.

Aufgabe
5 + 3 = 8

8 − 3 = 5
Umkehraufgabe

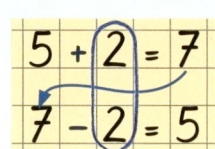

2

a)
5 + 2 = ☐
☐ − ☐ = ☐

b)
2 + 7 = ☐
☐ − ☐ = ☐

c)
5 + 1 = ☐
☐ − ☐ = ☐

d)
1 + 6 = ☐
☐ − ☐ = ☐

e)
5 + 4 = ☐
☐ − ☐ = ☐

f)
3 + 5 = ☐
☐ − ☐ = ☐

g)
2 + 8 = ☐
☐ − ☐ = ☐

h)
7 + 2 = ☐
☐ − ☐ = ☐

i)
3 + 4 = ☐
☐ − ☐ = ☐

j)
4 + 6 = ☐
☐ − ☐ = ☐

k)
3 + 7 = ☐
☐ − ☐ = ☐

l)
2 + 4 = ☐
☐ − ☐ = ☐

3

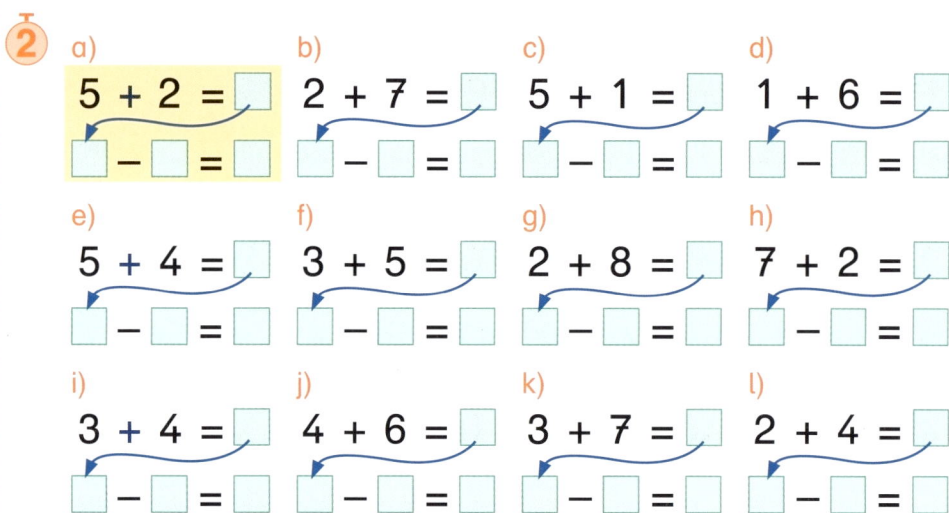

☐ + 3 = 6

ICH + DU + WIR Wie rechnest du?
Wie rechnen andere? Überprüft so:
Am Anfang ... Dann ... Am Ende ...

Aufgabe
5 + 2 = 7

Wir kehren um.

7 − 2 = 5
Umkehraufgabe
Aus ⊕ wird ⊖.

4 Ist der Platz ganz vorne leer, rechne ich von hinten her:
Die Umkehraufgabe! Wir kehren um. Aus ⊕ wird ⊖.

☐ + 3 = 8
8 − 3 =

a)
☐ + 3 = 8
☐ + 6 = 8
☐ + 5 = 9
☐ + 7 = 9

b)
☐ + 5 = 6
☐ + 6 = 9
☐ + 4 = 7
☐ + 3 = 9

c)
☐ + 3 = 10
☐ + 7 = 8
☐ + 2 = 7
☐ + 5 = 10

1, 1, 2, 2, 3, 3, 4, 5, 5, 5, 6, 7

5 Wie hängen Aufgabe und Umkehraufgabe zusammen? Erkläre.

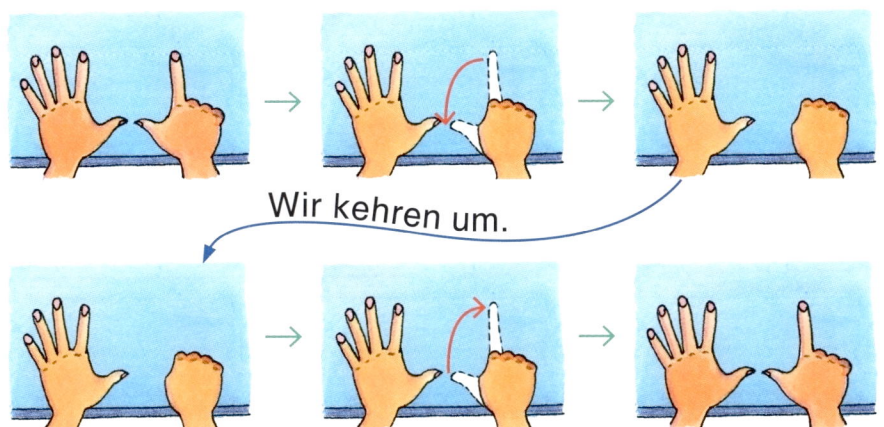

Wir kehren um.

6
a)
$$7 - 2 = \square$$
$$\square + 2 = \square$$

b)
$$9 - 7 = \square$$
$$\square + \square = \square$$

c)
$$8 - 2 = \square$$
$$\square + \square = \square$$

d)
$$7 - 1 = \square$$
$$\square + \square = \square$$

e)
$$9 - 4 = \square$$
$$\square + \square = \square$$

f)
$$8 - 5 = \square$$
$$\square + \square = \square$$

g)
$$10 - 8 = \square$$
$$\square + \square = \square$$

h)
$$9 - 2 = \square$$
$$\square + \square = \square$$

i)
$$7 - 3 = \square$$
$$\square + \square = \square$$

j)
$$10 - 6 = \square$$
$$\square + \square = \square$$

k)
$$10 - 7 = \square$$
$$\square + \square = \square$$

l)
$$5 - 2 = \square$$
$$\square + \square = \square$$

7

$$\square - 3 = 6$$

ICH + DU + WIR Wie rechnest du?
Wie rechnen andere? Überprüft so:
Am Anfang ... Dann ... Am Ende ...

8 Ist der Platz ganz vorne leer, rechne ich von hinten her:
Die Umkehraufgabe! Wir kehren um. Aus ⊖ wird ⊕.

a)
$$\square - 3 = 5$$
$$\square - 4 = 3$$
$$\square - 6 = 3$$
$$\square - 3 = 7$$

b)
$$\square - 5 = 1$$
$$\square - 5 = 4$$
$$\square - 4 = 2$$
$$\square - 4 = 3$$

c)
$$\square - 1 = 8$$
$$\square - 3 = 2$$
$$\square - 5 = 5$$
$$\square - 8 = 1$$

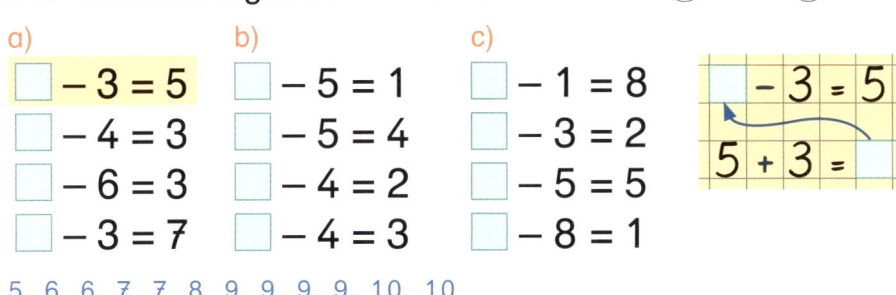

5, 6, 6, 7, 7, 8, 9, 9, 9, 9, 10, 10

Anfangszahlen raten

Nehmt Finger weg oder legt welche dazu.

Ich lege eine Zahl.

Jetzt nehme ich 2 weg.

Am Anfang waren es 5.

Richtig!

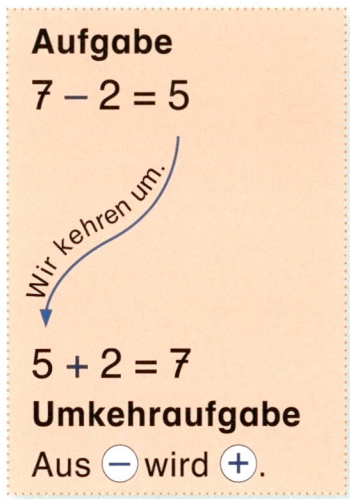

Aufgabe
$$7 - 2 = 5$$

Wir kehren um.

$$5 + 2 = 7$$
Umkehraufgabe
Aus ⊖ wird ⊕.

Flächenformen

Male andere Verkehrszeichen. Schreibe die Flächenform dazu.

1
A  B  C  D

E  F  G  H

a) **ICH + DU + WIR** Wie ordnet ihr die Schilder?

b) Welches Zeichen passt zu welcher Flächenform?

 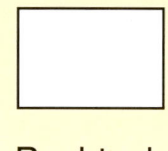 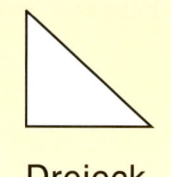 

Quadrat   Rechteck   Dreieck   Kreis

☐ Quadrat: B, ...

▭ Rechteck:

◺ Dreieck:

◯ Kreis:

2 Male ab und schreibe.

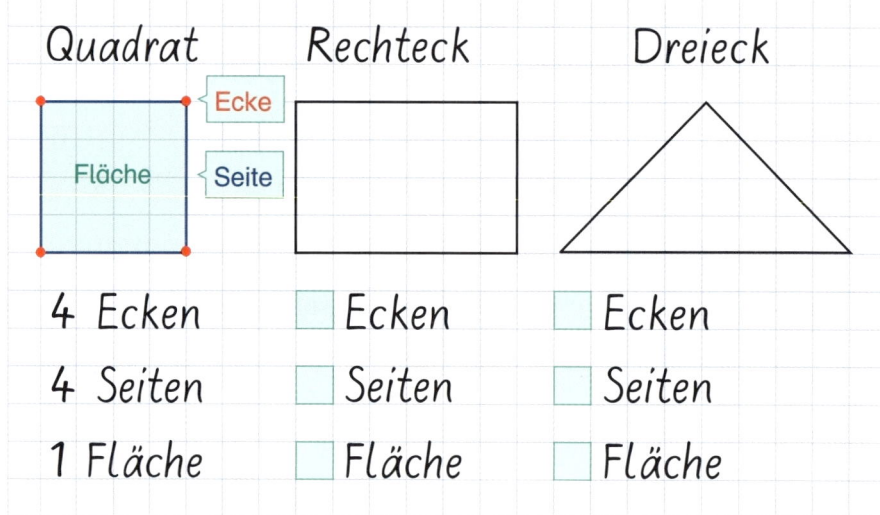

Quadrat	Rechteck	Dreieck
4 Ecken	☐ Ecken	☐ Ecken
4 Seiten	☐ Seiten	☐ Seiten
1 Fläche	☐ Fläche	☐ Fläche

Das Quadrat – ein besonderes Rechteck! Alle Seiten gleich lang.

3

Der Kreis – eine besondere Flächenform! Beschreibe!

Wichtige Wörter:

Ecke
Fläche Seite

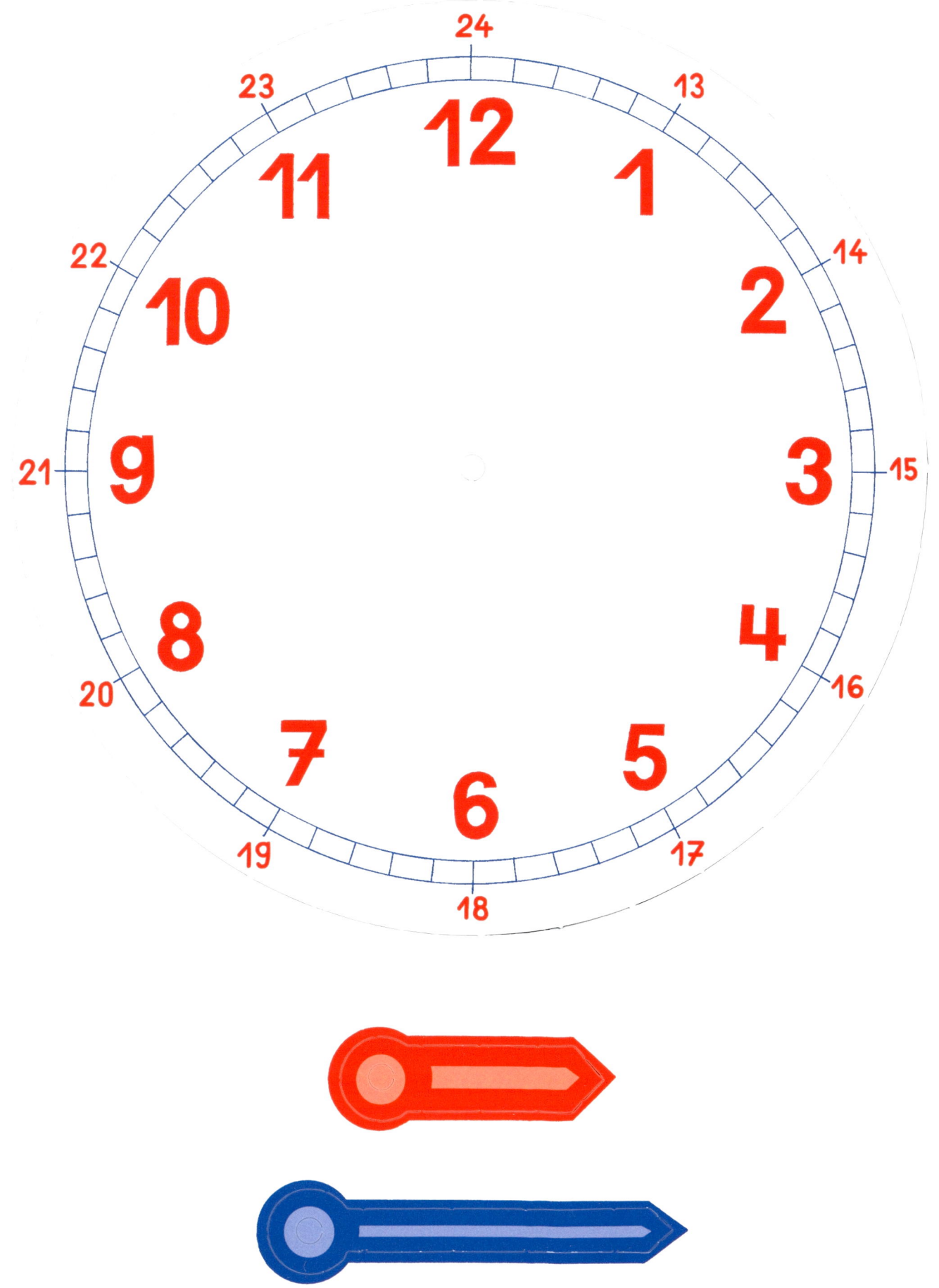

220003543

1 a) Zeichne ab und ergänze die fehlenden Quadrate.

A   B

C

b) Bestimme den Flächeninhalt.
Welche Fläche ist am größten?

Ich zähle die Quadrate.

2 a) Immer zwei Flächen sind gleich groß. Erkläre.

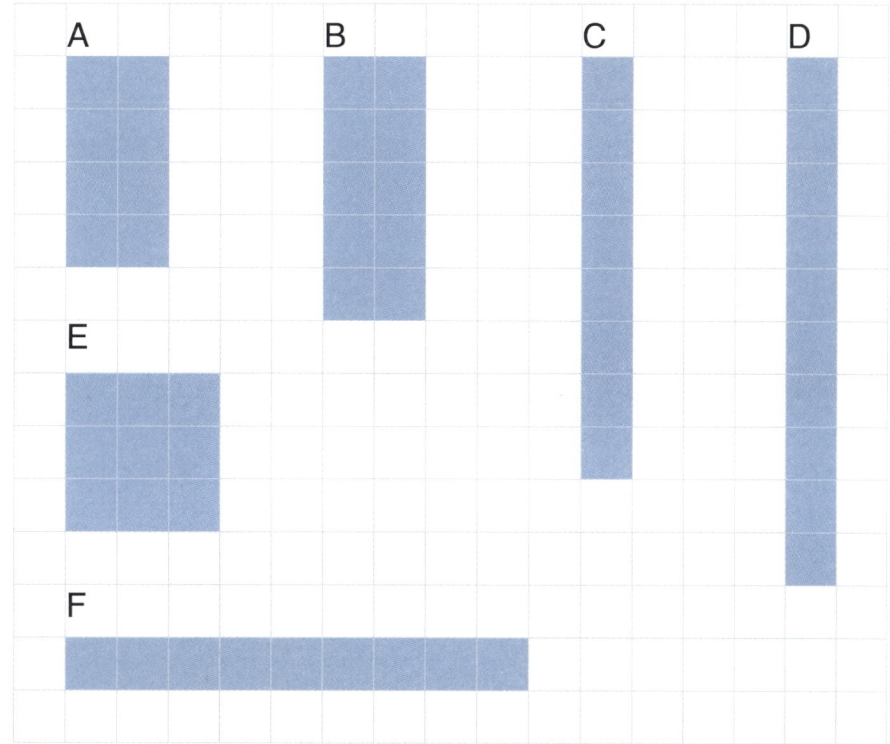

A   B   C   D

E

F

b) Zeichne die Fläche A auf Karopapier. Zerschneide sie
so in zwei Teile, dass du damit die andere
gleichgroße Fläche auslegen kannst.

c) Zeichne und zerschneide ebenso die Flächen D
und E.

3 Zeichne auf Karopapier eine Fläche. Schneide sie aus.
Zerschneide sie und lege damit andere Flächen.

Wir vergleichen
Flächeninhalte,
indem wir sie mit
gleich großen
Teilen auslegen.

+	0	1	2
0	0	1	2
1	1	2	3

1 + 2 = 3

In der ➕ Tafel rechne ich immer Spaltenzahl plus Zeilenzahl.

Spalte

Zeile

+	0	1	2	3	4	5	6	7	8	9	10
0	0	1	2	3	4	5	6	7	8	9	10
1	1	2	3	4	5	6	7	8	9	10	11
2	2	3	4	5	6	7	8	9	10	11	12
3	3	4	5	6	7	8	9	10	11	12	13
4	4	5	6	7	8	9	10	11	12	13	14
5	5	6	7	8	9	10	11	12	13	14	15
6	6	7	8	9	10	11	12	13	14	15	16
7	7	8	9	10	11	12	13	14	15	16	17
8	8	9	10	11	12	13	14	15	16	17	18
9	9	10	11	12	13	14	15	16	17	18	19
10	10	11	12	13	14	15	16	17	18	19	20

1 `ICH + DU` Nenne eine gelbe Aufgabe aus der ➕ Tafel. Dein Partnerkind nennt das Ergebnis.

2 Rechne immer 5 ➕ Aufgaben. Was entdeckst du?

a) mit dem Ergebnis 10

b) mit dem Ergebnis 9

c) mit dem Ergebnis 5

d) mit dem Ergebnis 4

e) mit dem Ergebnis 6

+	0	1	2	3	4	5	6	7	8	9	10
0	0	1	2	3	4	5	6	7	8	9	10
1	1	2	3	4	5	6	7	8	9	10	11
2	2	3	4	5	6	7	8	9	10	11	12
3	3	4	5	6	7	8	9	10	11		
4	4	5	6	7	8	9	10	11	12		
5	5	6	7	8	9	10	11	12	13	14	
6	6	7	8	9	10	11	12	13	14	15	16
7	7	8	9	10	11	12	13	14	15	16	17
8	8	9	10	11	12	13	14	15	16	17	18
9	9	10	11	12	13	14	15	16	17	18	19
10	10	11	12	13	14	15	16	17	18	19	20

2 + 8 = 10

−	0	1	2
10	10		
9			

Erstelle eine ➖ Tafel und rechne. Was entdeckst du?

3 `ICH + DU + WIR` Welche Aufgaben in den weißen Feldern könnt ihr schon lösen? Erklärt euch eure Tricks.

① Möglich, unmöglich oder sicher?

a) Ich würfle mit einem Würfel keine 7.

b) Ich werfe eine Münze und der Kopf liegt oben.

c) Ich ziehe aus einem Beutel mit grünen Kugeln eine rote Kugel.

Bearbeite immer eine Aufgabe. Wie konntest du sie lösen? Male im Heft passend dazu:

② Schreibe zu den Bildern die passende Aufgabe:

$\square + \square = \square$

③ Sara rechnet 8 Aufgaben, Samuel schafft 2 mehr.

F: Wie viele Aufgaben hat Samuel gerechnet? S, R, A

④
a)

$4 + \square = 6$
$3 + \square = 8$
$7 + \square = 9$
$6 + \square = 7$

b)

$2 + \square = 3$
$1 + \square = 9$
$8 + \square = 8$
$5 + \square = 9$

c)

$9 - \square = 4$
$7 - \square = 2$
$3 - \square = 1$
$6 - \square = 3$

d)

$10 - \square = 6$
$5 - \square = 4$
$8 - \square = 7$
$4 - \square = 2$

⑤ Rechne jeweils Aufgabe und Umkehraufgabe.

a)
$4 + 5 = \square$
$\square - \square = \square$

b)
$2 + 7 = \square$
$\square - \square = \square$

c)
$4 - 3 = \square$
$\square + \square = \square$

d)
$8 - 2 = \square$
$\square + \square = \square$

Alles fertig? Überprüfe mit Seite 68.

⑥ Welche beiden Teile ergeben zusammen …

a) … ein Quadrat? b) … ein Rechteck? c) … einen Kreis?

A   B   C   D   E   F

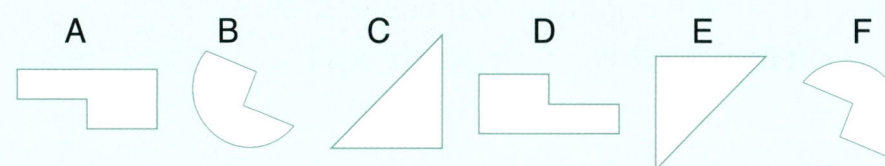

Mit diesen Aufgaben kannst du üben:

S.55/2

1 Möglich, unmöglich oder sicher?

a) Ich würfle mit einem Würfel keine 7. *sicher*

b) Ich werfe eine Münze und der Kopf liegt oben. *möglich*

c) Ich ziehe aus einem Beutel mit grünen Kugeln eine rote Kugel. *unmöglich*

2 Schreibe zu den Bildern die passende Aufgabe:

3 + 2 = 5

S.58/2

3 Sara rechnet 8 Aufgaben, Samuel schafft 2 mehr.

F: Wie viele Aufgaben hat Samuel gerechnet? S, R, A

R: 8 + 2 = 10

A: 10 Aufgaben hat Samuel gerechnet.

S.57/4, 5

4

a)
4 + 2 = 6
3 + 5 = 8
7 + 2 = 9
6 + 1 = 7

b)
2 + 1 = 3
1 + 8 = 9
8 + 0 = 8
5 + 4 = 9

c)
9 − 5 = 4
7 − 5 = 2
3 − 2 = 1
6 − 3 = 3

d)
10 − 4 = 6
5 − 1 = 4
8 − 1 = 7
4 − 2 = 2

S.59/3, 4

5 Rechne jeweils Aufgabe und Umkehraufgabe.

a)
4 + 5 = 9
9 − 5 = 4

b)
2 + 7 = 9
9 − 7 = 2

c)
4 − 3 = 1
1 + 3 = 4

d)
8 − 2 = 6
6 + 2 = 8

S.62/2
S.63/6

6 Welche beiden Teile ergeben zusammen ...

a) ... ein Quadrat?   b) ... ein Rechteck?   c) ... einen Kreis?

C und E   A und D   B und F

A   B   C   D   E   F

S.64/1

Bildern Rechnungen zuordnen

1 ICH + DU + WIR ▶ Findet zu den Bildern passende
⊕ Aufgaben. Erklärt.

a)

b)

$2 + 2 + 2 + 2 = \square$

$7 + 2 = \square$

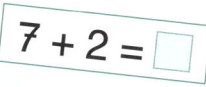

$4 + 3 = \square$

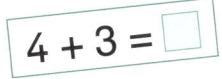

c)

d)

$2 + 2 + 2 = \square$

$3 + 3 + 3 = \square$

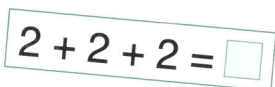

$2 + 2 + 2 + 2 + 2 = \square$

e)

f)

Erfinde Rechengeschichten zu Zwergen für „Unser Mathebuch".

2 Rechne zu jedem Bild die passende Aufgabe vom Rand.

3 Erfinde zu den Aufgaben am Rand neue Geschichten.

Volle Zehnerschachteln schließe ich.

1 a)

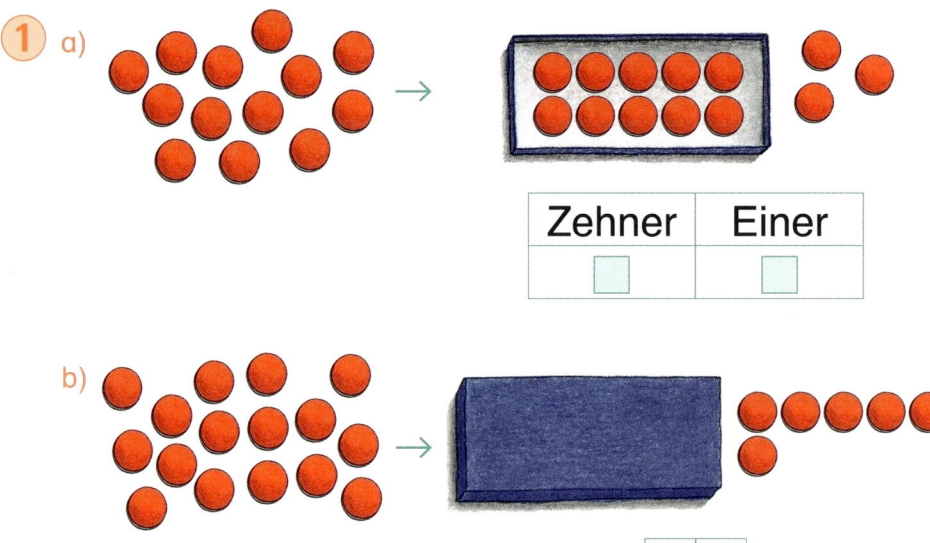

Zehner	Einer

b)

Z	E

2 Zeichne und schreibe.
Male volle Zehnerschachteln blau aus.

a)

Z	E

b)

Z	E

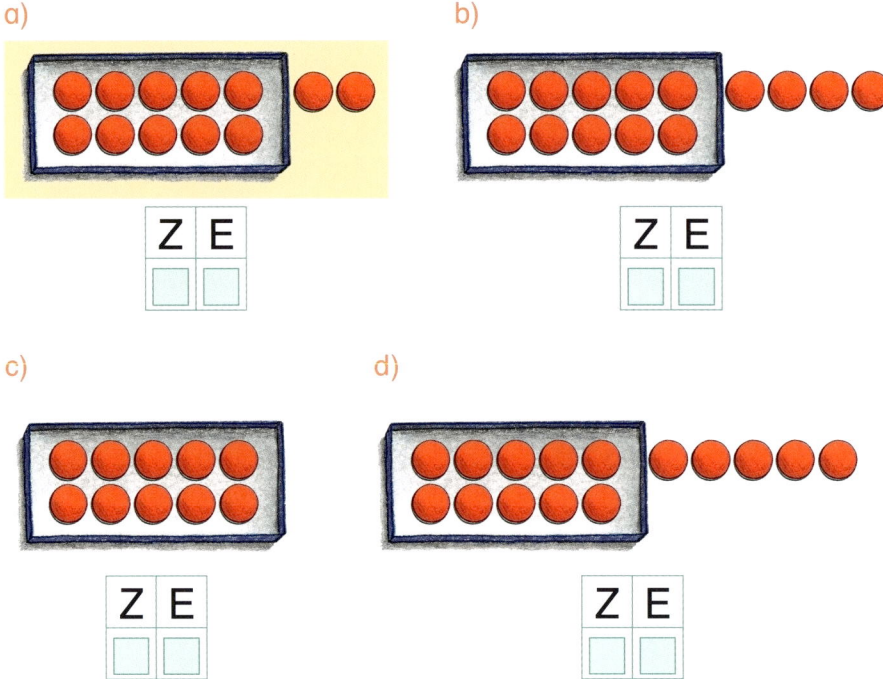

c)

Z	E

d)

Z	E

Wir packen 10 in eine Schachtel. Dann können wir schnell zählen.

Schätzen

Ich schätze, das sind 18 Plättchen.

3 Zeichne wie in Aufgabe 2 und schreibe die Zahl.

a)
Z	E
1	6

b)
Z	E
1	9

c)
Z	E
2	0

d)
Z	E
2	1

e)
Z	E
1	7

f)
Z	E
1	1

g)
Z	E
1	3

h)
Z	E
1	8

Struktur des Zehnersystems planvoll und systematisch nutzen

1 Zerlege.

a)

11 = 10 + 1

b)

12 = 10 + ☐

c)

13 = ☐ + ☐

d)

14 = ☐ + ☐

e)

15 = ☐ + ☐

f)

16 = ☐ + ☐

g)

17 = ☐ + ☐

h)

18 = ☐ + ☐

i)

19 = ☐ + ☐

j)

20 = ☐ + ☐

elf
zwölf
dreizehn
vierzehn
fünfzehn
sechzehn
siebzehn
achtzehn
neunzehn
zwanzig

Kannst du schon weiter zerlegen? Male und schreibe.

21 = ☐ + ☐ ...

Z	E
1 1	*elf*

2 Male und schreibe das passende Zahlwort dazu.

a)
Z	E
1	1

b)
Z	E
1	6

c)
Z	E
2	0

d)
Z	E
1	8

e)
Z	E
1	2

f)
1	5

g)
1	9

h)
1	0

i)
1	4

j)
1	3

3 Zahlen fühlen

Ich fühle 1 Zehnerschachtel und 2 Einzelne. Ah, 12!

4 Zahlen hören

Zehnerschachtel schütteln, Plättchen nacheinander laut hinlegen.

Ich höre 14.

Stimmt.

klack

Wir kürzen ab:

Zehner: **Z**

Einer: **E**

1 Schreibe zu jedem Bild die passende Zahl.

a)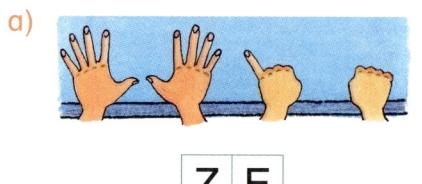

Z	E
1	1

b)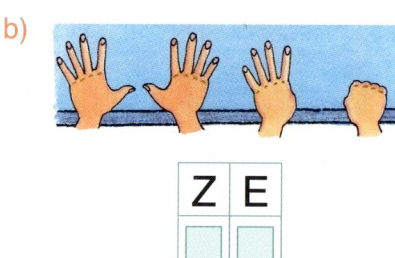

Z	E

c)

Z	E

d)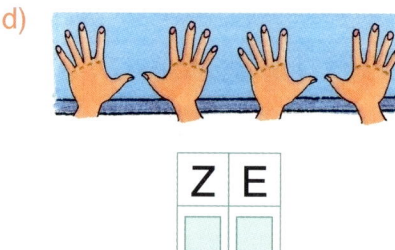

Z	E

e)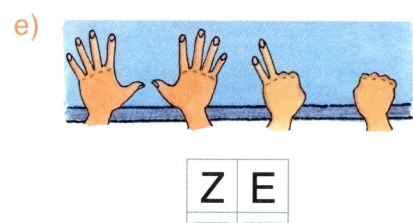

Z	E

f)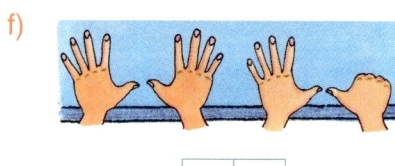

Z	E

g)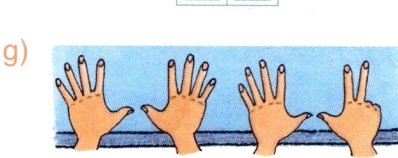

Z	E

h)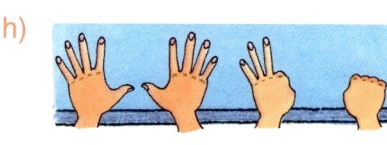

Z	E

i)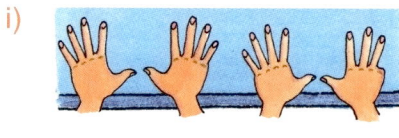

Z	E

j)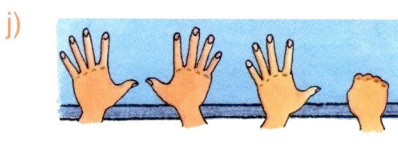

Z	E

2 ICH + DU Zeigt zusammen eine Zahl zwischen 10 und 20. Benennt sie und zählt weiter: vorwärts oder rückwärts.

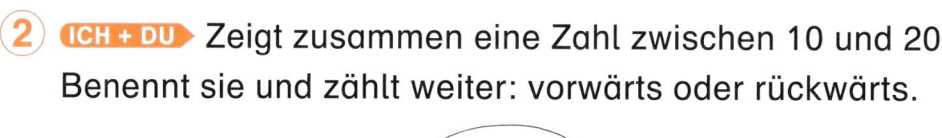

5er- und 10er-Struktur zur schnellen Mengenerfassung nutzen

1 Wie werden die Zahlen gebildet?
Schreibe dazu (+) Aufgaben.

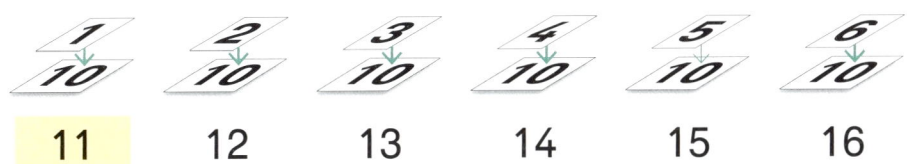

| 11 | 12 | 13 | 14 | 15 | 16 |

| 17 | 18 | 19 | 20 | 21 | 22 |

$$10 + 1 = 11$$

2 Schreibe zu jedem Zahlwort die Zahl.

	Z	E
drei**zehn**	1	3
sech**zehn**		
neun**zehn**		
zwanzig		
acht**zehn**		
elf		

	Z	E
zwölf		
einund**zwanzig**		
vier**zehn**		
sieb**zehn**		
fünf**zehn**		
zweiund**zwanzig**		

Hörst du am Ende zehn, muss die 1 am Anfang stehn.

3 Schreibe immer zuerst die Zehner, dann die Einer.

	Z	E
5E 1Z	1	5
0Z 4E		4
0E 2Z		
1Z 3E		
6E 1Z		

	Z	E
0E 1Z		
1Z 9E		
1Z 1E		
4E 1Z		
2E 1Z		

	Z	E
1Z 7E		
8E 1Z		
0Z 9E		
0Z 7E		
0Z 5E		

```
5E 1Z:  15
0Z 4E:   4
```

4 Setze ein:
< (6), > (4) oder = (2).

a)
12 ◯ 14
18 ◯ 18
11 ◯ 13
20 ◯ 12

b)
10 ◯ 11
19 ◯ 16
17 ◯ 17
15 ◯ 5

c)
2 ◯ 20
10 ◯ 1
19 ◯ 20
11 ◯ 12

5 Finde viele Zahlenpaare.

a)
☐ > ☐

b)
☐ < ☐

c)
☐ = ☐

Zahlen **sprechen** fängt mit Einern an, beim **Schreiben** ist zuerst der Zehner dran.

drei**zehn**

13

Nachbarzahlen

AH Seite 40

Zahlenpaare

5

Passende Zahl im 2. Zehner: 15

kleiner Nachbar − 1	Zahl	großer Nachbar + 1

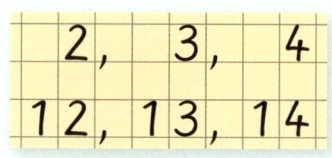

k N | Zahl | g N
1

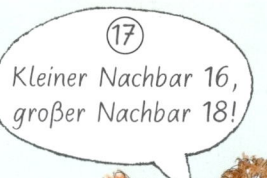

2, 3, 4
12, 13, 14

⑰
Kleiner Nachbar 16, großer Nachbar 18!

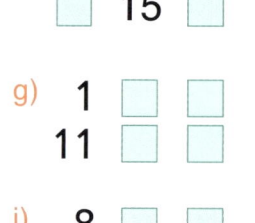

Spielt
Rückenschreiben!

Zahlen ordnen!
Erfinde Aufgaben dazu.

⏱ Seite 20, Aufgabe 1   Nachbarzahlen

①

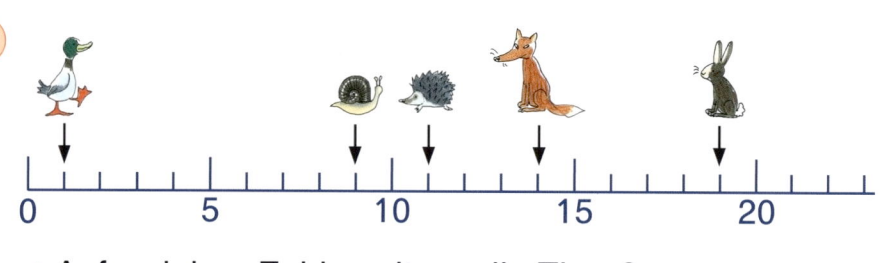

a) Auf welchen Zahlen sitzen die Tiere?
Ente ☐   Schnecke ☐   Igel ☐   Fuchs ☐   Hase ☐

b) Schreibe zu den Zahlen aus a) die **Nachbarzahlen**.

② **ICH + DU** Zeige auf einen Strich am Zahlenstrahl.
Dein Partnerkind nennt die Nachbarzahlen.

③ Schreibe zur kleinen Zahlenfolge die große.

a) ☐ 3 ☐
☐ 13 ☐

b) ☐ 6 ☐
☐ 16 ☐

c) ☐ 2 ☐
☐ 12 ☐

d) ☐ 5 ☐
☐ 15 ☐

e) ☐ 7 ☐
☐ 17 ☐

f) ☐ 8 ☐
☐ 18 ☐

g) 1 ☐ ☐
11 ☐ ☐

h) 0 ☐ ☐
10 ☐ ☐

i) 7 ☐ ☐
17 ☐ ☐

j) 8 ☐ ☐
18 ☐ ☐

k) 6 ☐ ☐
16 ☐ ☐

l) 3 ☐ ☐
13 ☐ ☐

m) ☐ ☐ 2
☐ 12

n) ☐ ☐ 10
☐ 20

o) ☐ ☐ 5
☐ 15

p) ☐ ☐ 4
☐ 14

q) ☐ ☐ 7
☐ 17

r) ☐ ☐ 11
☐ 21

④ Ordne die Zahlen von klein nach groß.

a) 13, 12, 14   b) 17, 19, 18   c) 11, 9, 10
d) 20, 18, 19   e) 15, 17, 16   f) 14, 16, 15
g) 12, 10, 11   h) 17, 18, 16   i) 9, 10, 8

Beziehungen zwischen Zahlen begründen; Zahlen ordnen

Spiel: Zahlen verändern sich

1. • Jeder hat 10 Plättchen.
   • Würfle und nimm vom Partnerkind die gewürfelte Anzahl an Plättchen.
   • Wie viele Plättchen hat nun jeder? Schreibt auf.
   • Nun würfelt dein Partner.
   • Sieger ist, wer die meisten Plättchen hat.

2. Schau auf die Zahlenlisten der Kinder.
   Welche Zahlen haben sie schon gewürfelt?

a)

Sara		Chris
10	☐	10
12	☐	8
7	☐	13
11	☐	9
10	☐	10
16		4

b)

Samuel		Ben
10	☐	10
14	☐	6
8	☐	12
9	☐	11
3	☐	17
5		15

Trick: Kleine und große Aufgaben

⏱ Seite 72, Aufgabe 1   Fingerzahlen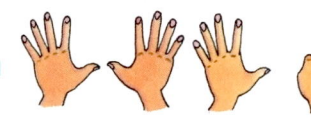

1

$15 + 2 = \square$

ICH + DU + WIR ▶ Wie rechnest du? Wie rechnen andere? Erklärt euch eure Tricks.

Kleine Aufgabe
$5 + 2 = \square$

Große Aufgabe
$15 + 2 = \square$

2 Erkläre den Rechentrick.

3 Male und rechne die große und die kleine Aufgabe.

$12 + 4 = \square$

denn

$2 + 4 = \square$

a)
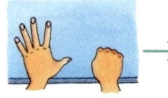

b)
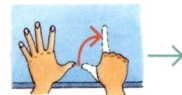

c)

d)
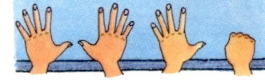

e)
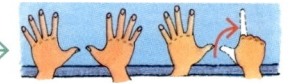

f)

Erfinde weitere große und kleine Aufgaben.

4 Schöne Türme! Was entdeckst du? Setze fort.

a)
$12 + 3 = \square$
$13 + 3 = \square$
$14 + 3 = \square$
$15 + 3 = \square$
$\square + \square = \square$

b)
$10 + 1 = \square$
$10 + 2 = \square$
$10 + 3 = \square$
$10 + 4 = \square$
$\square + \square = \square$

c)
$11 + 9 = \square$
$12 + 8 = \square$
$13 + 7 = \square$
$14 + 6 = \square$
$\square + \square = \square$

Die kleine Aufgabe hilft:
$12 + 4 = \square$
denn
$2 + 4 = \square$

5
a)
$14 + 5 = \square$
$11 + 7 = \square$
$12 + 6 = \square$
$13 + 7 = \square$

b)
$11 + 4 = \square$
$12 + 8 = \square$
$15 + 4 = \square$
$13 + 6 = \square$

c)
$13 + 5 = \square$
$16 + 3 = \square$
$11 + 5 = \square$
$15 + 3 = \square$

d)
$11 + 9 = \square$
$17 + 2 = \square$
$12 + 7 = \square$
$14 + 3 = \square$

15, 16, 17, 18, 18, 18, 18, 19, 19, 19, 19, 19, 19, 20, 20, 20

⏱ Seite 46, Aufgabe 4 0 Finger!

6 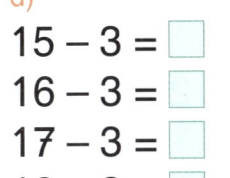 ICH + DU + WIR ▸ Wie rechnest du? Wie rechnen andere? Erklärt euch eure Tricks.

17 − 2 = ☐

7 Erkläre den Rechentrick.

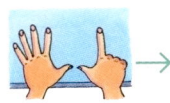 → 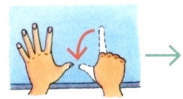 →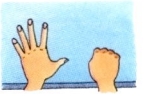

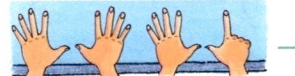 → 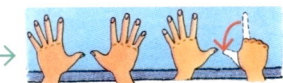 →

8 Male und rechne die große und die kleine Aufgabe.

a) 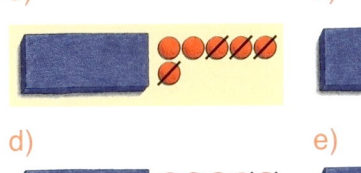 b)  c)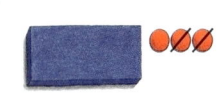

d)  e)  f)

9 Schöne Türme! Was entdeckst du? Setze fort.

a)
15 − 3 = ☐
16 − 3 = ☐
17 − 3 = ☐
18 − 3 = ☐
☐ − ☐ = ☐

b)
19 − 9 = ☐
18 − 8 = ☐
17 − 7 = ☐
16 − 6 = ☐
☐ − ☐ = ☐

c)
20 − 9 = ☐
20 − 8 = ☐
20 − 7 = ☐
20 − 6 = ☐
☐ − ☐ = ☐

10
a)
19 − 5 = ☐
18 − 7 = ☐
18 − 6 = ☐
20 − 7 = ☐

b)
15 − 4 = ☐
20 − 8 = ☐
19 − 4 = ☐
19 − 6 = ☐

c)
20 − 6 = ☐
19 − 3 = ☐
16 − 5 = ☐
18 − 3 = ☐

d)
20 − 9 = ☐
19 − 2 = ☐
19 − 7 = ☐
17 − 3 = ☐

11, 11, 11, 11, 12, 12, 12, 13, 13, 14, 14, 14, 15, 15, 16, 17

Erfinde doch mal wieder eine Seite für „Unser Mathebuch".

Kleine Aufgabe
7 − 2 = ☐

Große Aufgabe
17 − 2 = ☐

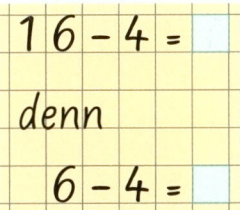
16 − 4 = ☐
denn
6 − 4 = ☐

Erfinde weitere große und kleine Aufgaben.

Die kleine Aufgabe hilft:
16 − 4 = ☐
denn
6 − 4 = ☐

Rechenbefehle

Seite 59, Aufgaben 3 und 4 $5 + \boxed{} = 8$, $5 - \boxed{} = 2$

$12 + \boxed{} = 15$

oder:

$12 \xrightarrow{+\boxed{}} 15$

$16 - \boxed{} = 14$

oder:

$16 \xrightarrow{-\boxed{}} 14$

1 Zahlen raten

• Spielt ebenso.

12

Wie viele lege ich dazu?

15! Du hast $\boxed{}$ dazugelegt.

16

Wie viele nehme ich weg?

14! Du hast $\boxed{}$ weggenommen.

2 Schreibe und rechne. Die kleine Aufgabe hilft.

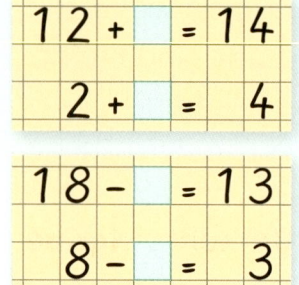

a)	b)	c)	d)
$12 \xrightarrow{+\boxed{}} 14$	$11 \xrightarrow{+\boxed{}} 15$	$18 \xrightarrow{-\boxed{}} 13$	$20 \xrightarrow{-\boxed{}} 14$
$13 \xrightarrow{+\boxed{}} 19$	$12 \xrightarrow{+\boxed{}} 19$	$16 \xrightarrow{-\boxed{}} 10$	$16 \xrightarrow{-\boxed{}} 13$
$11 \xrightarrow{+\boxed{}} 19$	$12 \xrightarrow{+\boxed{}} 17$	$19 \xrightarrow{-\boxed{}} 12$	$18 \xrightarrow{-\boxed{}} 17$
$17 \xrightarrow{+\boxed{}} 20$	$18 \xrightarrow{+\boxed{}} 18$	$20 \xrightarrow{-\boxed{}} 12$	$19 \xrightarrow{-\boxed{}} 10$
$10 \xrightarrow{+\boxed{}} 17$	$11 \xrightarrow{+\boxed{}} 17$	$17 \xrightarrow{-\boxed{}} 17$	$16 \xrightarrow{-\boxed{}} 11$

0, 0, 1, 2, 3, 3, 4, 5, 5, 5, 6, 6, 6, 6, 7, 7, 7, 8, 8, 9

Erfinde einen Rechenturm zu:

$\boxed{} \xrightarrow{-5} \boxed{} \xrightarrow{+1} \boxed{}$

$\boxed{} \xrightarrow{-6} \boxed{} \xrightarrow{+2} \boxed{}$

$\boxed{} \xrightarrow{-7} \boxed{} \xrightarrow{+3} \boxed{}$

$\boxed{} \xrightarrow{-8} \boxed{} \xrightarrow{+4} \boxed{}$

3 Schöne Türme! Was entdeckst du? Setze fort.
Untersuche 1. Zahl, 2. Zahl und das Ergebnis.

a)	b)	c)
$12 \xrightarrow{+1} \boxed{} \xrightarrow{+6} 19$	$20 \xrightarrow{-1} \boxed{} \xrightarrow{-8} 11$	$15 \xrightarrow{+1} \boxed{} \xrightarrow{-5} 11$
$12 \xrightarrow{+2} \boxed{} \xrightarrow{+\boxed{}} 19$	$20 \xrightarrow{-2} \boxed{} \xrightarrow{-\boxed{}} 11$	$15 \xrightarrow{+2} \boxed{} \xrightarrow{-\boxed{}} 11$
$12 \xrightarrow{+\boxed{}} \boxed{} \xrightarrow{+\boxed{}} 19$	$20 \xrightarrow{-\boxed{}} \boxed{} \xrightarrow{-\boxed{}} 11$	$15 \xrightarrow{+\boxed{}} \boxed{} \xrightarrow{-\boxed{}} 11$
$12 \xrightarrow{+\boxed{}} \boxed{} \xrightarrow{+\boxed{}} 19$	$20 \xrightarrow{-\boxed{}} \boxed{} \xrightarrow{-\boxed{}} 11$	$15 \xrightarrow{+\boxed{}} \boxed{} \xrightarrow{-\boxed{}} 11$

⏱ Seite 62, Aufgabe 2   Umkehraufgaben

①

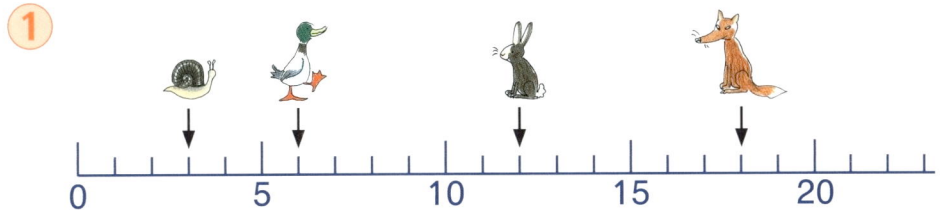

```
0     5     10     15     20
```

a) Auf welchen Zahlen sitzen die Tiere?

Schnecke ☐   Ente ☐   Hase ☐   Fuchs ☐

b) Jedes Tier springt die gewürfelte Zahl nach rechts.
Wer landet auf der größten Zahl? Rechne.

c) Danach wollen alle Tiere **umkehren**. Jedes Tier
springt seine gewürfelte Zahl nach links zurück.
Wo sind die Tiere nun? Rechne.

②

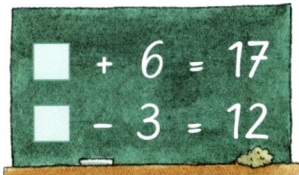

$\square + 6 = 17$
$\square - 3 = 12$

ICH + DU + WIR ▸ Wie rechnest du?
Wie rechnen andere? Überprüft so:
Am Anfang ...   Dann ...   Am Ende ...

③ Auf welchen Zahlen sitzt Bibu hier?
Schreibe zu jeder Rechnung die Umkehraufgabe.

a)  $+ 6 = 17$
$17 - 6 = \square$

b)  $+ 6 = 19$
$\square - \square = \square$

c) 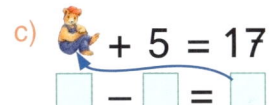 $+ 5 = 17$
$\square - \square = \square$

d) 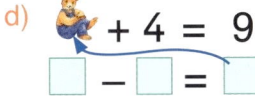 $+ 4 = 9$
$\square - \square = \square$

e) 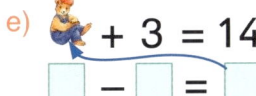 $+ 3 = 14$
$\square - \square = \square$

f)  $+ 3 = 20$
$\square - \square = \square$

g) 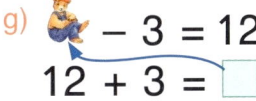 $- 3 = 12$
$12 + 3 = \square$

h) 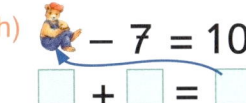 $- 7 = 10$
$\square + \square = \square$

i) $- 8 = 12$
$\square + \square = \square$

j) 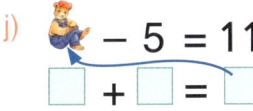 $- 5 = 11$
$\square + \square = \square$

k) $- 9 = 10$
$\square + \square = \square$

l) $- 3 = 16$
$\square + \square = \square$

Zeichne den
Zahlenstrahl.
Wie gehst du vor?

$3 + 5 = \square$

```
0     5
```

$8 - 5 = \square$

```
0     5
```

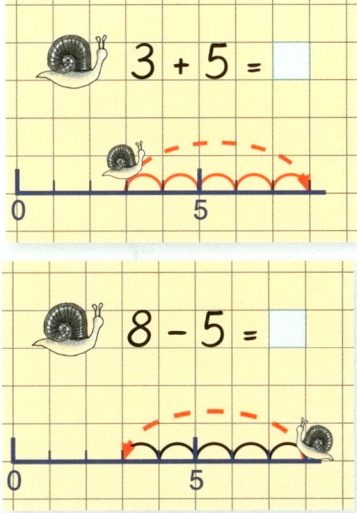

Ist der Platz ganz
vorne leer, rechne
ich von hinten her:
Umkehraufgabe

$\square + 6 = 17$

$17 - 6 = \square$
Aus ⊕ wird ⊖.

$\square - 3 = 12$

$12 + 3 = 15$
Aus ⊖ wird ⊕.

Gleichungen

1 Welche Rechnung nennen wir eine Gleichung? Erkläre.

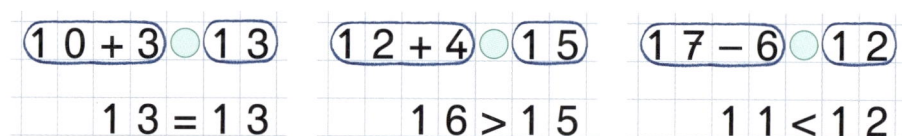

$10 + 3 \bigcirc 13$ $12 + 4 \bigcirc 15$ $17 - 6 \bigcirc 12$

$13 = 13$ $16 > 15$ $11 < 12$

Erfinde Aufgaben zu:

☐ + ☐ < ☐

☐ + ☐ > ☐

☐ + ☐ = ☐

2 Wo passt $=$? Schreibe nur diese Aufgaben (9) auf.

a)
$11 + 3 \bigcirc 14$
$12 + 7 \bigcirc 20$
$13 + 2 \bigcirc 15$
$14 + 5 \bigcirc 19$

b)
$19 - 6 \bigcirc 13$
$10 - 3 \bigcirc 13$
$16 - 4 \bigcirc 12$
$17 - 2 \bigcirc 15$

c)
$12 + 3 \bigcirc 14$
$20 - 4 \bigcirc 16$
$12 + 6 \bigcirc 18$
$16 - 3 \bigcirc 13$

Erfinde Aufgaben zu:

☐ − ☐ < ☐

☐ − ☐ > ☐

☐ − ☐ = ☐

3 Setze ein: $<$ (3), $>$ (3) oder $=$ (6).

a)
$11 + 3 \bigcirc 14$
$12 + 6 \bigcirc 17$
$13 + 6 \bigcirc 19$
$15 + 2 \bigcirc 18$

b)
$17 - 4 \bigcirc 13$
$15 - 3 \bigcirc 14$
$16 - 5 \bigcirc 11$
$19 - 6 \bigcirc 12$

c)
$15 + 5 \bigcirc 19$
$14 + 4 \bigcirc 18$
$20 - 4 \bigcirc 17$
$18 - 6 \bigcirc 12$

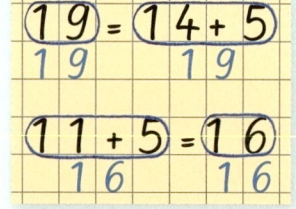

Setz' ich ein $=$ Zeichen ein, muss links und rechts gleich viel sein.

Gleichung

$12 + 3 = 15$

15   15

keine Gleichungen

$12 + 4 > 15$

$12 + 1 < 14$

4 a)
☐ $= 14 + 5$
$11 +$ ☐ $= 16$
☐ $+ 3 = 14$
$12 + 7 =$ ☐

b)
$20 = 16 +$ ☐
$18 +$ ☐ $= 20$
☐ $+ 7 = 19$
$14 + 2 =$ ☐

c)
$12 +$ ☐ $= 16$
☐ $= 17 + 3$
$18 = 11 +$ ☐
☐ $+ 5 = 19$

d)
☐ $= 18 - 5$
$17 -$ ☐ $= 12$
☐ $- 3 = 16$
$13 - 2 =$ ☐

e)
$16 = 19 -$ ☐
$16 -$ ☐ $= 11$
☐ $- 5 = 12$
$19 -$ ☐ $= 11$

f)
$19 -$ ☐ $= 15$
$12 = 20 -$ ☐
☐ $= 18 - 5$
$11 = 16 -$ ☐

5 Ordne die Kinder der Größe nach. Beginne mit dem kleinsten Kind.

Steffi ist größer als Moritz.

Moritz ist kleiner als Christian.

Erkan ist kleiner als Moritz.

Steffi ist kleiner als Christian.

1 Entdecke die Fehler. Schreibe alles richtig auf.

$4 + 3 = 8$ $4 + 6 = 10$ $5 - 3 = 8$ $6 + 3 = 9$

Bearbeite immer eine Aufgabe. Wie konntest du sie lösen? Male im Heft passend dazu: ☺ ☺ ☹

2 Male nur ab, was zur Zahl 12 passt.

3 Schreibe nur, was zur Zahl 12 passt.

| 2E 1Z | 2Z 1E | 1Z 2E | 1Z 0E | 1E 2Z |

4

	Z	E
fünf**zehn**		
sieb**zehn**		
drei**zehn**		
neun**zehn**		

	Z	E
zwanzig		
zehn		
zwölf		
elf		

5 $<$, $>$ oder $=$.

14 ◯ 13
11 ◯ 11
12 ◯ 20
18 ◯ 17

6 Schreibe jeweils den kleinen und den großen Nachbarn.

▢ 8 ▢   ▢ 18 ▢   ▢ 9 ▢   ▢ 19 ▢   ▢ 10 ▢

7 Ordne von groß nach klein.

a) 2, 20, 12, 11, 19, 9   b) 7, 14, 3, 10, 17, 4

8

a)	b)	c)	d)
$13 + 6 =$ ▢	$10 + 7 =$ ▢	$15 + 5 =$ ▢	$14 + 4 =$ ▢
$16 - 5 =$ ▢	$19 - 9 =$ ▢	$17 - 5 =$ ▢	$20 - 8 =$ ▢
$12 + 7 =$ ▢	$16 + 4 =$ ▢	$11 + 5 =$ ▢	$18 + 1 =$ ▢
$18 - 6 =$ ▢	$20 - 7 =$ ▢	$15 - 3 =$ ▢	$17 - 3 =$ ▢

9

a)	b)	c)
$13 +$ ▢ $= 19$	▢ $+ 2 = 14$	$18 = 15 +$ ▢
$11 +$ ▢ $= 20$	▢ $+ 8 = 19$	$17 = 11 +$ ▢
$17 -$ ▢ $= 12$	▢ $- 3 = 13$	$13 = 17 -$ ▢
$20 -$ ▢ $= 16$	▢ $- 7 = 12$	$11 = 13 -$ ▢

Alles fertig? Überprüfe mit Seite 82.

Mit diesen Aufgaben kannst du üben:

1 Entdecke die Fehler. Schreibe alles richtig auf.

~~4 + 3 = 8~~   4 + 6 = 10 ✓   ~~5 − 3 = 8~~   6 + 3 = 9 ✓
4 + 3 = 7   5 − 3 = 2

→ S. 70/2

2 Male nur ab, was zur Zahl 12 passt.

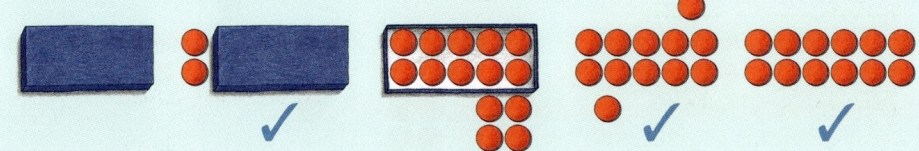

✓   ✓   ✓

3 Schreibe nur, was zur Zahl 12 passt.

| 2E 1Z | 2Z 1E | 1Z 2E | 1Z 0E | 1E 2Z |

✓   ✓

→ S. 73/3

4

	Z	E
fünf**zehn**	1	5
sieb**zehn**	1	7
drei**zehn**	1	3
neun**zehn**	1	9

	Z	E
zwanzig	2	0
zehn	1	0
zwölf	1	2
elf	1	1

5 <, > oder =.

14 > 13
11 = 11
12 < 20
18 > 17

→ S. 73/2
S. 73/4

6 Schreibe jeweils den kleinen und den großen Nachbarn.

7 **8** 9   17 **18** 19   8 **9** 10   18 **19** 20   9 **10** 11

→ S. 74/3

7 Ordne von groß nach klein.

a) 2, 20, 12, 11, 19, 9   b) 7, 14, 3, 10, 17, 4
   20, 19, 12, 11, 9, 2   17, 14, 10, 7, 4, 3

→ S. 74/4

8

a)
13 + 6 = 19
16 − 5 = 11
12 + 7 = 19
18 − 6 = 12

b)
10 + 7 = 17
19 − 9 = 10
16 + 4 = 20
20 − 7 = 13

c)
15 + 5 = 20
17 − 5 = 12
11 + 5 = 16
15 − 3 = 12

d)
14 + 4 = 18
20 − 8 = 12
18 + 1 = 19
17 − 3 = 14

→ S. 76/5
S. 77/10

9

a)
13 + 6 = 19
11 + 9 = 20
17 − 5 = 12
20 − 4 = 16

b)
12 + 2 = 14
11 + 8 = 19
16 − 3 = 13
19 − 7 = 12

c)
18 = 15 + 3
17 = 11 + 6
13 = 17 − 4
11 = 13 − 2

→ S. 78/2
S. 79/3
S. 80/4

1 Luisa hat eine Aufgabensonne zu ihrer Lieblingsaufgabe gemalt. Beschreibe.

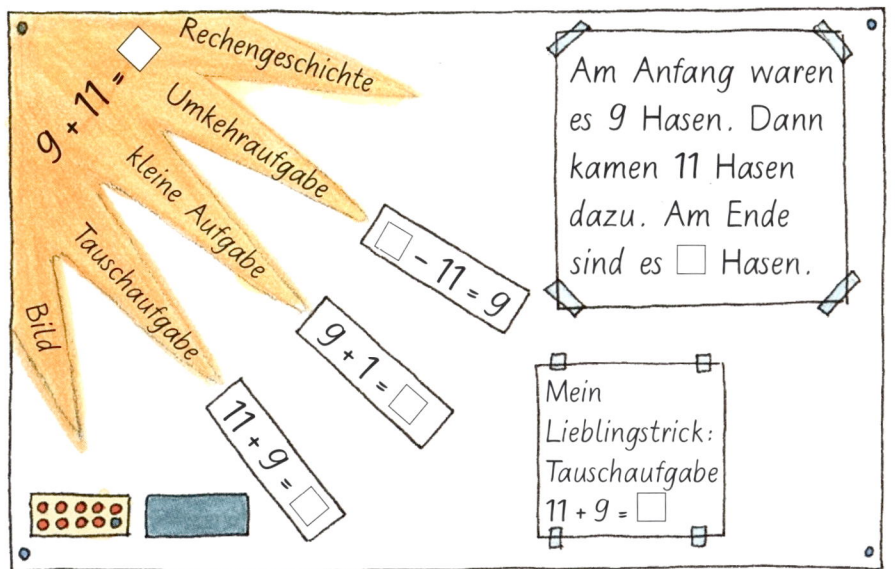

Rechengeschichte
Umkehraufgabe
kleine Aufgabe
Tauschaufgabe
Bild

9 + 11 = ◇

☐ − 11 = 9

9 + 1 = ☐

11 + 9 = ☐

Am Anfang waren es 9 Hasen. Dann kamen 11 Hasen dazu. Am Ende sind es ☐ Hasen.

Mein Lieblingstrick: Tauschaufgabe 11 + 9 = ☐

Heute stelle ich euch meine Aufgabensonne vor.

Dir ist es gut gelungen ...

Ich habe noch eine Frage ...

Ich habe noch eine Idee ...

Danke für ...

Das habe ich noch nicht verstanden ...

Hilfen für deinen Vortrag:

- Ich habe diese Rechentricks entdeckt ...
- Meine Rechengeschichte dazu ...
- Mein Lieblingstrick ist ...

2 ICH ▶ Welche Lieblingsaufgabe hast du?
Zeichne und schreibe dazu deine Aufgabensonne.

DU ▶ Tausche dich mit deinem Partnerkind aus.

15 + 5 = ☐
20 − 15 = ☐
5 + 15 = ☐

WIR ▶ Sprecht über eure Aufgabensonnen in der Klasse.

8.00

① Eine Uhr! Was fällt dir auf? Beschreibe.

Zifferblatt

Minutenzeiger

Minutenstrich

Stundenzeiger

Stundenzahl

Sekundenzeiger

Zifferblatt
Minutenstrich
Stundenzeiger

② Beobachte eine Uhr. Eine Minute vergeht.
Was geschieht?
Der Sekundenzeiger wandert um das ganze ⬚⬚⬚ .
Der Minutenzeiger rückt einen ⬚⬚⬚ weiter.
Der ⬚⬚⬚ bewegt sich nicht sichtbar.

③ Wie lange dauert das ungefähr? Schreibe passend:
Sekunde, Minute, Stunde

a)

b)

c)

d)

e)

f)

Silentium!

Schweigeminute:
1 Minute lang ist
es ganz ruhig. Alle
Kinder schweigen.

④ Was dauert bei dir ...
a) eine Sekunde?   b) eine Minute?   c) eine Stunde?

5 Zeitpunkte! Schreibe zu jedem Bild die Uhrzeit.

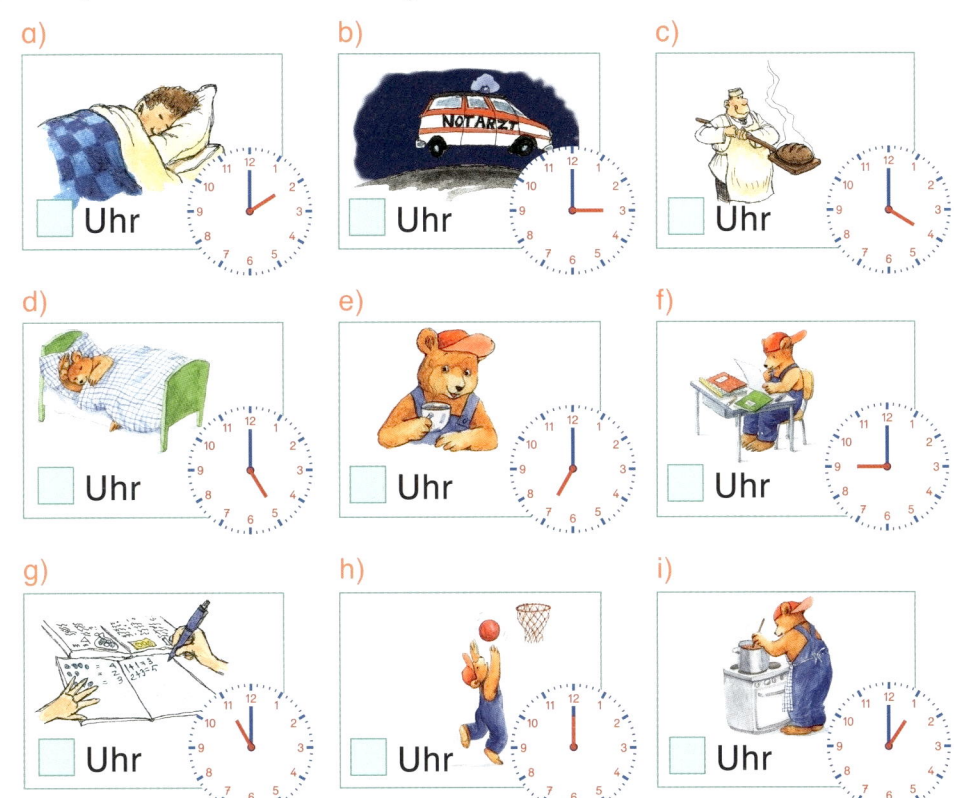

a) ☐ Uhr

b) ☐ Uhr

c) ☐ Uhr

d) ☐ Uhr

e) ☐ Uhr

f) ☐ Uhr

g) ☐ Uhr

h) ☐ Uhr

i) ☐ Uhr

Was machst du zu diesen Zeiten? Schreibe.

6 Betrachte die Uhren in Aufgabe 5 a) – f). Wie viel Uhr ...

a) ... ist es 2 Stunden später?   b) ... war es vor 1 Stunde?

c) ... ist es 3 Stunden später?   d) ... war es vor 2 Stunden?

7 Zeitspannen! Wie viele Stunden sind vergangen?

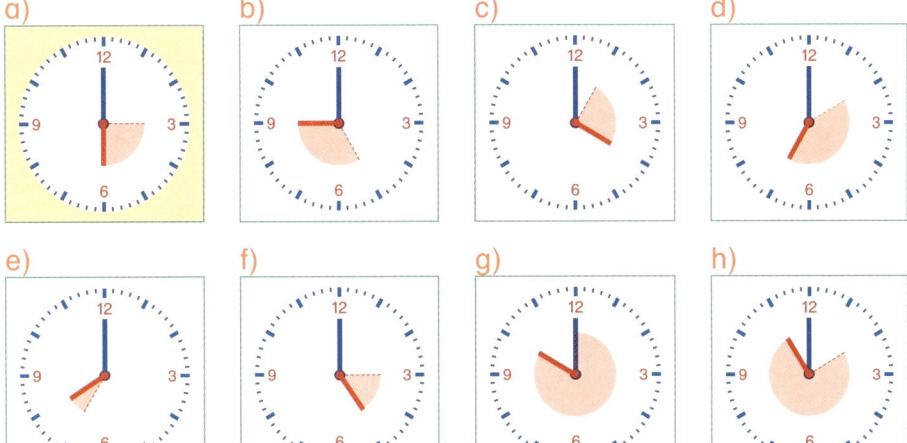

a)   b)   c)   d)

e)   f)   g)   h)

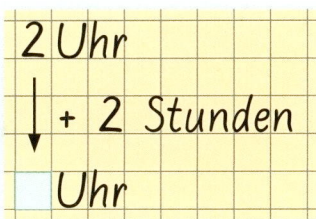

2 Uhr
↓ + 2 Stunden
☐ Uhr

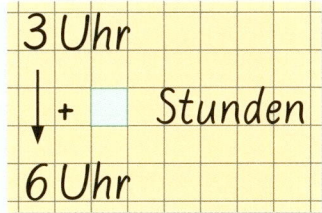

3 Uhr
↓ + ☐ Stunden
6 Uhr

8 ICH + DU ▶ Jeder stellt auf seiner Lernuhr eine Uhrzeit ein. Bestimmt die Zeitspanne.

1 Erzähle Bibus Tagesablauf.

> 1. Tageshälfte
>
> 1 Uhr: Bibu schläft.
> .
> .
> .
> 12 Uhr:
>
> 2. Tageshälfte
>
> 13 Uhr: Bibu isst.
> .
> .
> .
> 24 Uhr:

2 Erzähle zu den 24 Stunden des Tages deinen Tagesablauf.

3 Schau auf die 2. Tageshälfte. Berechne alle Uhrzeiten.

12 Stunden der 1. Tageshälfte

| 1 Uhr | 12 + 1 = 13 |
| 13 Uhr | |

1 Stunde der 2. Tageshälfte

| 2 Uhr | 12 + 2 = |
| Uhr | |

| 3 Uhr | 12 + = |
| Uhr | |

2. Tageshälfte

24 Uhr oder 0 Uhr

4 **ICH + DU** Stell auf deiner Lernuhr eine Uhrzeit ein. Dein Partner nennt beide Uhrzeiten.

1. Tageshälfte

5 a) Was machst du heute zwischen 8 Uhr und 10 Uhr?

b) Wie viele Stunden sind das?

6 a) Was machst du heute zwischen 16 Uhr und 19 Uhr?

b) Wie viele Stunden sind das?

7 Wie lang ist geöffnet?

a)

b)

8 **ICH + DU** Lernt die Uhrzeiten.

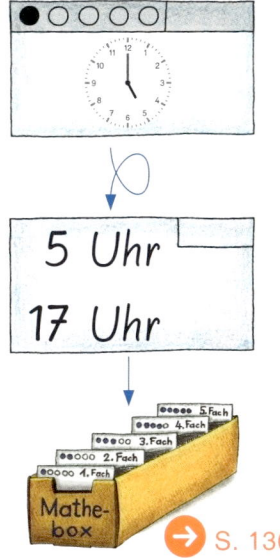

5 Uhr

17 Uhr

→ S. 136

Trick: Verdoppeln

Verdoppeln heißt, das Gleiche noch einmal.

Alleine
verdoppeln:
Ich stelle mir die
Finger meines
Partners vor.

1 **ICH + DU** Zeigt und rechnet.

Doppeleins

1 + 1 = ☐

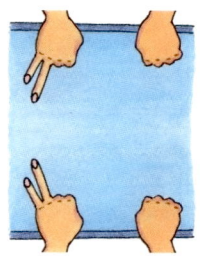

2 + ☐ = ☐

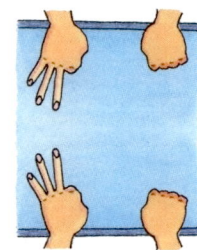

3 + ☐ = ☐

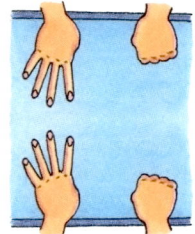

4 + ☐ = ☐

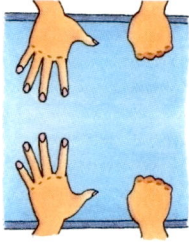

5 + ☐ = ☐

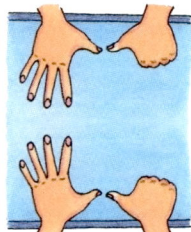

6 + ☐ = ☐

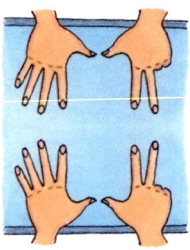

7 + ☐ = ☐

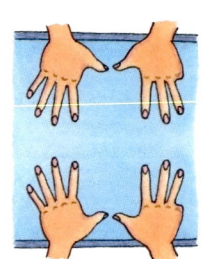

8 + ☐ = ☐

9 + ☐ = ☐

*Doppelsieben ist
Doppelfünf und
Doppelzwei.*

2 Verdopple. Lerne auswendig.

3	5	2	4	6	10	9	1	8	0	7
6	☐	☐	☐	☐	☐	☐	☐	☐	☐	☐

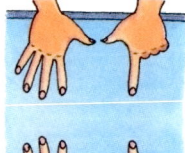

3 + 3 = 6

*8 ist eine
Doppelvier.*

3 Wie wurde hier verdoppelt? Erkläre.
Rechne und lerne auswendig.

8, 10, 2, 12, 18, 4, 20, 16, 6, 14, 0

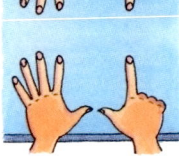

8 = 4 + 4

Seite 88, Aufgabe 2   Verdoppeln

1 Fast verdoppeln! Erkläre den Trick. Rechne.

Doppeldrei und 1 dazu!

$3 + 4 = \square$
$(3 + 3) + 1 = \square$

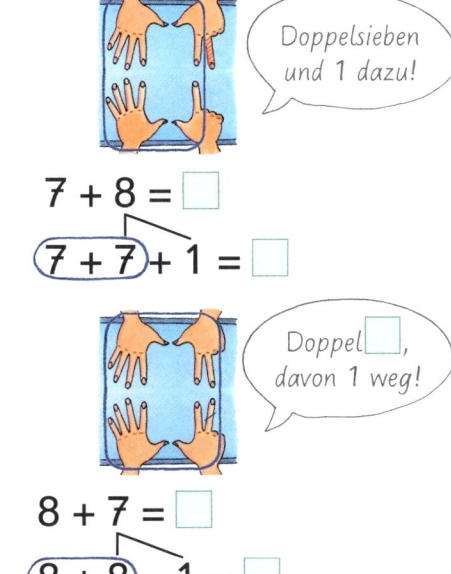

Doppelsieben und 1 dazu!

$7 + 8 = \square$
$(7 + 7) + 1 = \square$

Doppel$\square$, davon 1 weg!

$4 + 3 = \square$
$(4 + 4) - 1 = \square$

Doppel$\square$, davon 1 weg!

$8 + 7 = \square$
$(8 + 8) - 1 = \square$

2 Rechne. Es gibt verschiedene Möglichkeiten.

a)	b)	c)	d)
6 + 7	2 + 3	3 + 4	1 + 2
5 + 6	8 + 9	4 + 5	7 + 8
7 + 6	4 + 3	5 + 4	3 + 2
6 + 5	2 + 1	8 + 7	9 + 8

$6 + 7 = \square$

Fast verdoppeln!
Rechne weiter.

3

a)	b)	c)	d)	e)
6 + 8	7 + 9	5 + 7	9 + 11	3 + 5
5 + 3	7 + 5	8 + 6	8 + 10	9 + 7

4 Paare finden

- Jeder braucht: Ziffernkärtchen von 1 bis 10
- Spielt nach den Memory-Regeln.
- Bildet ⊕ Aufgaben.

Ein Paar! 8 + 8 = 16

Verdoppeln und dann weiterrechnen.

$6 + 7 = \square$
$6 + 6 + 1 = 13$
Doppelsechs und 1 dazu.

$7 + 6 = \square$
$7 + 7 - 1 = 13$
Doppelsieben, davon 1 weg.

Halbieren

1 **ICH + DU** Wie können die Kinder gerecht teilen?

2 Welche Stücke kannst du halbieren?
Male und rechne.

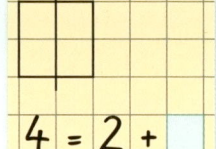

$4 = 2 +$

3   4 = 2 + ☐   5   6 = ☐ + ☐   …

13   14 = ☐ + ☐   15   … 20 = ☐ + ☐

3 Halbiere. Lerne auswendig.

$10 = 5 + 5$

10	8	20	6	18	12	4	2	14	16	0
5	☐	☐	☐	☐	☐	☐	☐	☐	☐	☐

Gerade Zahlen
kann ich halbieren:
2, 4, 6, 8, 10, …

Ungerade Zahlen
kann ich nicht
halbieren:
1, 3, 5, 7, 9, …

4 Gerade oder ungerade? Untersuche die Zahlen 1 bis 20.
Was entdeckst du? Warum ist das so?

ungerade   gerade   Schreibe so:

gerade Zahlen: 2, 4, …
ungerade Zahlen: 1, 3, …

Zahlen zerlegen; Beziehungen zwischen Zahlen begründen

1 Erzähle und rechne. Was entdeckst du?

Am Anfang …   Dann …   Am Ende …

Verwandte Aufgaben:

a)

Aufgabe
2 + 4 = ☐

b)

Umkehraufgabe
6 − 4 = ☐

c)

Tauschaufgabe
4 + 2 = ☐

d)

Umkehraufgabe
6 − 2 = ☐

2 3 Zahlen – 4 verwandte Aufgaben.

a) 5 / 8 3   b) 9 / 7 2   c) 4 / 8 4   d) 9 / 4 5   e) 10 / 6 4

f) 20 / 5 15   g) 12 / 4 16   h) 19 / 4 15   i) 14 / 3 11   j) 17 / 3 14

3 + 5 =
5 + 3 =
8 − 5 =
8 − 3 =

Schreibe verwandte Aufgaben.

3 Rechne. Welche verwandte Aufgabe hilft?

a)	b)	c)	d)
6 + 11	18 − 17	17 − 15	19 − 16
2 + 18	17 − 16	18 − 16	19 − 17
4 + 13	13 − 12	13 − 11	16 − 14
5 + 14	9 − 6	9 − 7	16 − 13
3 + 12	15 − 13	15 − 14	15 − 12

1, 1, 1, 1, 2, 2, 2, 2, 2, 2, 2, 3, 3, 3, 3, 15, 17, 17, 19, 20

Ist eine Aufgabe recht schwer, hol ich mir Verwandte her.

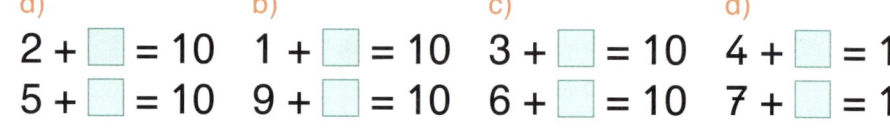 Seite 35, Aufgabe 6   Zerlegungen

1 Sehr bequem, hin zur 10.

a) $2 + \square = 10$ b) $1 + \square = 10$ c) $3 + \square = 10$ d) $4 + \square = 10$

$5 + \square = 10$ $9 + \square = 10$ $6 + \square = 10$ $7 + \square = 10$

2 Vorne 10 ist auch bequem.

a) $10 + 5 = \square$ b) $10 + 4 = \square$ c) $10 + 7 = \square$ d) $10 + 8 = \square$

$10 + 9 = \square$ $10 + 2 = \square$ $10 + 3 = \square$ $10 + 6 = \square$

3

ICH + DU + WIR ▶ Wie rechnest du? Wie rechnen andere? Vergleicht eure Rechenwege. Welche sind geschickt?

$8 + 6 = \square$

4 Wie rechnen die Kinder? Erkläre.

Am Anfang …  Dann …  Dann …  Am Ende …

5 Zeige und erzähle wie in Aufgabe 4.

a) $7 + 6 = \square$ b) $4 + 8 = \square$ c) $3 + 8 = \square$ d) $6 + 5 = \square$

$9 + 4 = \square$ $8 + 6 = \square$ $5 + 7 = \square$ $7 + 4 = \square$

6 Bis zur 10, dann weitergeh'n.

a) $8 + 3 = \square$ b) $7 + 5 = \square$ c) $6 + 8 = \square$ d) $5 + 8 = \square$

$8 + 5 = \square$ $7 + 8 = \square$ $6 + 7 = \square$ $5 + 6 = \square$

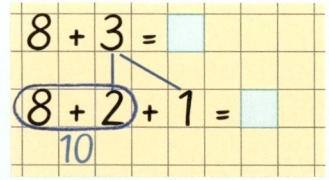

Finde weitere Aufgaben.

$\square + \square = 10$

Finde weitere Aufgaben.

$10 + \square = \square$

7 Schöne Türme! Was entdeckst du? Setze fort.

a)

5 + 6 = ☐
5 + 7 = ☐
5 + 8 = ☐
5 + 9 = ☐

b)

6 + 5 = ☐
6 + 6 = ☐
6 + 7 = ☐
6 + 8 = ☐

c)

7 + 4 = ☐
7 + 5 = ☐
7 + 6 = ☐
7 + 7 = ☐

d)

8 + 9 = ☐
8 + 8 = ☐
8 + 7 = ☐
8 + 6 = ☐

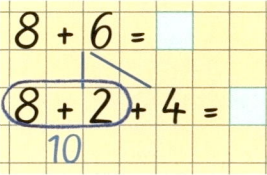

Untersuche 1. Zahl, 2. Zahl und das Ergebnis.

$8 + 6 =$ ☐
$(8 + 2) + 4 =$ ☐
10

8 So legt und rechnet Leila. Erkläre.

Am Anfang …   Dann …   Am Ende …

9 Wie rechnest du?

a)

6 + 9 = ☐
9 + 5 = ☐
8 + 8 = ☐
7 + 9 = ☐

b)

9 + 6 = ☐
9 + 9 = ☐
8 + 5 = ☐
4 + 9 = ☐

c)

4 + 7 = ☐
7 + 8 = ☐
9 + 7 = ☐
9 + 2 = ☐

d)

9 + 4 = ☐
9 + 8 = ☐
4 + 8 = ☐
8 + 6 = ☐

11, 11, 12, 13, 13, 13, 14, 14, 15, 15, 15, 16, 16, 16, 17, 18

Rechne weiter über die 10.

☐ + ☐ = ☐

10 Achtung Fehler (5)! Rechne alles richtig.

a)

4 + 9 = 13
6 + 9 = 16
2 + 9 = 11
5 + 9 = 14

b)

7 + 4 = 12
9 + 4 = 13
6 + 4 = 10
8 + 4 = 12

c)

6 + 5 = 11
9 + 5 = 14
8 + 5 = 13
7 + 5 = 11

d)

9 + 3 = 13
7 + 3 = 10
8 + 3 = 11
6 + 3 = 10

Eine schöne Aufgabe für „Unser Mathebuch".

11 ICH + DU Findet viele ⊕ Aufgaben.

6   7   8

12 Zahlen sammeln

• Legt Zahlkarten von 3 bis 18.
• Würfle mit 3 Würfeln und rechne.
• Nimm die passende Karte.

6 + 5 + 3 = 14
Oh, die 14 ist schon weg.

Über den Zehner mit ⊕

Bis zur 10, dann weitergeh'n!

$8 + 6 =$ ☐
$(8 + 2) + 4 = 14$
10

ungerade + gerade
Zahl Zahl = ?

1 ICH + DU + WIR Untersucht die Aufgaben und setzt ein:
gerade oder ungerade. Ist das immer so?

gerade + gerade
Zahl Zahl
14 + 2
12 + 2
4 + 16
Das Ergebnis ist immer eine ☐ Zahl.

ungerade + ungerade
Zahl Zahl
15 + 3
1 + 17
5 + 11
Das Ergebnis ist immer eine ☐ Zahl.

gerade + ungerade
Zahl Zahl
12 + 5
8 + 11
16 + 3
Das Ergebnis ist immer eine ☐ Zahl.

2 Wie viele Beine sind es? Male und rechne. Setze fort.

a) A B C D E

b) A B C D E

c) A B C D E

3 Wie viele Schafe und Enten können es sein?
Es gibt mehrere Möglichkeiten.
a) 8 Beine   b) 10 Beine   c) 12 Beine

4 Rechne Nachbaraufgaben. Erkläre den Trick.

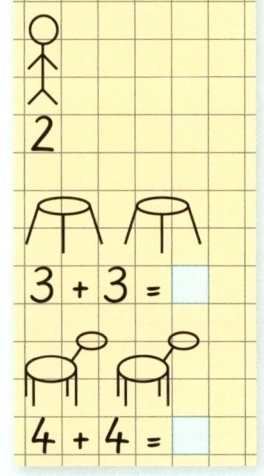

3 + 3 =
4 + 4 =

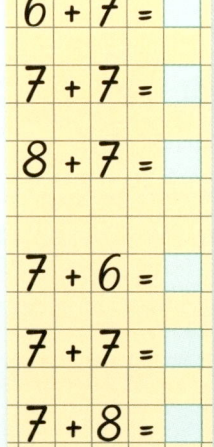

6 + 7 =
7 + 7 =
8 + 7 =

7 + 6 =
7 + 7 =
7 + 8 =

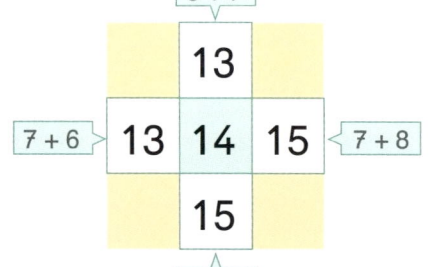

6 + 7

13

7 + 6 ▷ 13 14 15 ◁ 7 + 8

15

8 + 7

a) 7 + 7 = ☐
b) 6 + 6 = ☐
c) 8 + 8 = ☐
d) 9 + 9 = ☐

Die + Tafel auf Seite 66 hilft.

Beziehungen zwischen Zahlen begründen; Rechenstrategien nutzen

1 10er-Schachteln leeren

- Jedes Kind hat 20 Plättchen.
- Würfelt abwechselnd.
- Wessen Schachteln sind zuerst leer?

Ich darf 3 Plättchen aus meiner Schachtel nehmen.

2 Welche Kinder (3) haben nach 5 Würfen leere Schachteln?

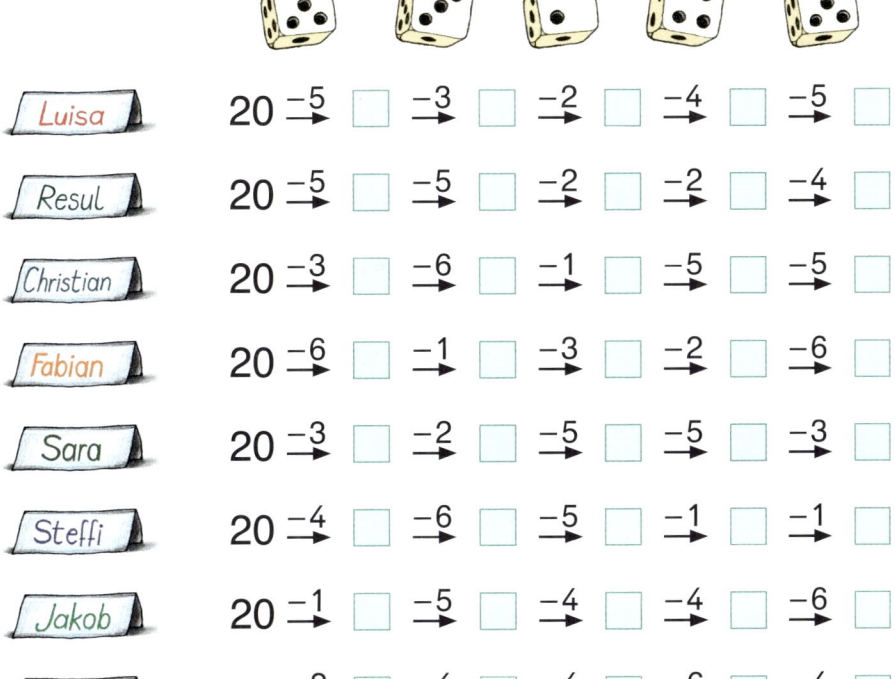

Luisa   20 →⁻⁵ ☐ →⁻³ ☐ →⁻² ☐ →⁻⁴ ☐ →⁻⁵ ☐

Resul   20 →⁻⁵ ☐ →⁻⁵ ☐ →⁻² ☐ →⁻² ☐ →⁻⁴ ☐

Christian   20 →⁻³ ☐ →⁻⁶ ☐ →⁻¹ ☐ →⁻⁵ ☐ →⁻⁵ ☐

Fabian   20 →⁻⁶ ☐ →⁻¹ ☐ →⁻³ ☐ →⁻² ☐ →⁻⁶ ☐

Sara   20 →⁻³ ☐ →⁻² ☐ →⁻⁵ ☐ →⁻⁵ ☐ →⁻³ ☐

Steffi   20 →⁻⁴ ☐ →⁻⁶ ☐ →⁻⁵ ☐ →⁻¹ ☐ →⁻¹ ☐

Jakob   20 →⁻¹ ☐ →⁻⁵ ☐ →⁻⁴ ☐ →⁻⁴ ☐ →⁻⁶ ☐

Leila   20 →⁻² ☐ →⁻⁴ ☐ →⁻⁴ ☐ →⁻⁶ ☐ →⁻⁴ ☐

Würfle selbst. Schreibe dazu lange ⊖ Aufgaben.

3 Rechne geschickt. Wie gehst du vor?

a)

$15 - 5 - 3 =$ ☐
$14 - 4 - 2 =$ ☐
$17 - 7 - 5 =$ ☐
$19 - 9 - 8 =$ ☐
$16 - 6 - 3 =$ ☐
$18 - 8 - 6 =$ ☐

b)

$17 - 3 - 7 =$ ☐
$13 - 2 - 3 =$ ☐
$16 - 4 - 6 =$ ☐
$19 - 5 - 9 =$ ☐
$12 - 1 - 2 =$ ☐
$15 - 2 - 5 =$ ☐

c)

$14 - 3 - 4 =$ ☐
$19 - 7 - 9 =$ ☐
$15 - 1 - 5 =$ ☐
$17 - 4 - 7 =$ ☐
$18 - 5 - 8 =$ ☐
$16 - 2 - 6 =$ ☐

$(15 - 5) - 3 =$ ☐
10

2, 3, 4, 5, 5, 5, 6, 6, 7, 7, 7, 7, 8, 8, 8, 8, 9, 9

Trick: In Schritten rechnen

 Seite 43, Aufgabe 3   Zerlegungen

① Sehr bequem, hin zur 10.

a)
12 − ⬜ = 10
15 − ⬜ = 10

b)
11 − ⬜ = 10
19 − ⬜ = 10

c)
14 − ⬜ = 10
17 − ⬜ = 10

② Vorne 10 ist auch bequem.

a)
10 − 5 = ⬜
10 − 9 = ⬜

b)
10 − 4 = ⬜
10 − 2 = ⬜

c)
10 − 7 = ⬜
10 − 3 = ⬜

d)
10 − 8 = ⬜
10 − 6 = ⬜

③

14 − 6 = ⬛

ICH + DU + WIR ▶ Wie rechnest du? Wie rechnen andere? Vergleicht eure Rechenwege. Welche sind geschickt?

④ Wie wurde hier gerechnet? Erkläre.

Am Anfang …

Dann …

Dann …

Am Ende …

⑤ Zeige und erzähle wie in Aufgabe 4.

a)
12 − 5 = ⬜
13 − 6 = ⬜

b)
14 − 5 = ⬜
11 − 2 = ⬜

c)
15 − 8 = ⬜
12 − 4 = ⬜

d)
11 − 8 = ⬜
14 − 6 = ⬜

⑥ Zur 10 zurück, dann noch ein Stück.

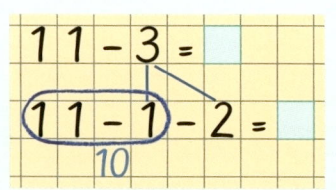

a)
11 − 3 = ⬜
11 − 6 = ⬜
11 − 5 = ⬜
11 − 4 = ⬜

b)
13 − 5 = ⬜
13 − 8 = ⬜
13 − 4 = ⬜
13 − 9 = ⬜

c)
13 − 7 = ⬜
14 − 7 = ⬜
15 − 7 = ⬜
16 − 7 = ⬜

d)
12 − 8 = ⬜
12 − 3 = ⬜
12 − 6 = ⬜
12 − 7 = ⬜

Finde weitere Aufgaben.
⬜ − ⬜ = 10

Finde weitere Aufgaben.
10 − ⬜ = ⬜

7 Schöne Türme! Was entdeckst du? Setze fort.

a)
11 − 1 − 5 = ☐
11 − 2 − 4 = ☐
11 − 3 − 3 = ☐
11 − 4 − 2 = ☐

b)
12 − 5 − 4 = ☐
12 − 4 − 5 = ☐
12 − 3 − 6 = ☐
12 − 2 − 7 = ☐

c)
13 − 4 − 7 = ☐
13 − 5 − 6 = ☐
13 − 6 − 5 = ☐
13 − 7 − 4 = ☐

Untersuche
1. Zahl, 2. Zahl,
3. Zahl und das
Ergebnis.

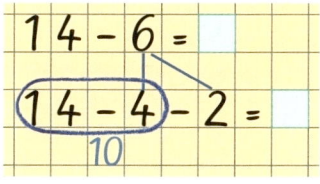

8 So legt und rechnet Steffi. Erkläre.

Am Anfang …   Dann …   Am Ende …

14 − 6 =
(14 − 4) − 2 =
10

9 Wie rechnest du?

a)
11 − 6 = ☐
12 − 3 = ☐
14 − 5 = ☐
17 − 8 = ☐

b)
16 − 7 = ☐
13 − 9 = ☐
11 − 8 = ☐
12 − 5 = ☐

c)
11 − 5 = ☐
15 − 7 = ☐
13 − 4 = ☐
16 − 9 = ☐

d)
15 − 6 = ☐
14 − 8 = ☐
12 − 4 = ☐
11 − 7 = ☐

3, 4, 4, 5, 6, 6, 7, 7, 8, 8, 9, 9, 9, 9, 9, 9

Rechne weiter
unter die 10.
☐ − ☐ = ☐

10 Achtung, Fehler (6)! Rechne alles richtig.

a)
13 − 5 = 8
11 − 4 = 8
14 − 7 = 7
17 − 9 = 9

b)
11 − 3 = 7
14 − 6 = 8
16 − 8 = 8
12 − 4 = 8

c)
16 − 7 = 9
15 − 8 = 7
13 − 6 = 8
12 − 8 = 4

d)
12 − 3 = 8
11 − 6 = 5
18 − 8 = 8
13 − 5 = 8

11 Mit und ohne Zehnerüberschreitung.

a)
14 − 9 = ☐
13 − 7 = ☐
16 − 6 = ☐
12 − 9 = ☐

b)
16 − 5 = ☐
17 − 9 = ☐
15 − 3 = ☐
11 − 4 = ☐

c)
12 − 7 = ☐
18 − 5 = ☐
15 − 8 = ☐
14 − 4 = ☐

d)
11 − 2 = ☐
15 − 9 = ☐
13 − 8 = ☐
14 − 7 = ☐

3, 5, 5, 5, 6, 6, 7, 7, 7, 8, 9, 10, 10, 11, 12, 13

Unter den Zehner mit −
Zur 10 zurück,
dann noch ein
Stück!

14 − 6 = ☐
(14 − 4) − 2 = 8
10

12 Finde möglichst viele Aufgaben zu ☐ − ☐ = 8.

1 Sehr bequem mit der 10.

$0 + 10 =$ ☐

a)	b)	c)	d)	e)
0 + 10	4 + 10	3 + 10	8 + 10	6 + 10
1 + 10	7 + 10	9 + 10	2 + 10	5 + 10

2 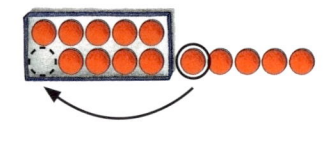 ICH + DU + WIR Wie rechnest du?
Wie rechnen andere?
Erklärt euch eure Tricks.

$5 + 9 = $ ☐

3 So legt und rechnet Armin. Erkläre.

9 wird zu 10.
aus 5 + 9 = ☐
wird 4 + 10 = ☐

+ 8 ist auch
fast + 10!

4

a)	b)	c)	d)
5 + 9 = ☐	4 + 9 = ☐	6 + 8 = ☐	4 + 8 = ☐
6 + 9 = ☐	7 + 9 = ☐	5 + 8 = ☐	7 + 8 = ☐
3 + 9 = ☐	9 + 9 = ☐	3 + 8 = ☐	9 + 8 = ☐
8 + 9 = ☐	2 + 9 = ☐	8 + 8 = ☐	2 + 8 = ☐

10, 11, 11, 12, 12, 13, 13, 14, 14, 15, 15, 16, 16, 17, 17, 18

5 Schöne Türme! Was endeckst du? Setze fort.

a)	b)	c)
4 + 5 = ☐	4 + 0 = ☐	2 + 10 = ☐
5 + 5 = ☐	4 + 1 = ☐	3 + 9 = ☐
6 + 5 = ☐	4 + 2 = ☐	4 + 8 = ☐
7 + 5 = ☐	4 + 3 = ☐	5 + 7 = ☐

Erfinde eigene
Rechentürme.

6 Oh, keine schönen Türme! Begründe. Repariere sie.

a)	b)	c)	d)
9 + 9 = ☐	5 + 8 = ☐	3 + 8 = ☐	8 + 5 = ☐
8 + 9 = ☐	9 + 8 = ☐	4 + 7 = ☐	7 + 4 = ☐
4 + 9 = ☐	7 + 8 = ☐	5 + 6 = ☐	6 + 7 = ☐
6 + 9 = ☐	8 + 8 = ☐	6 + 6 = ☐	5 + 8 = ☐

1 Sehr bequem mit der 10.

a)	b)	c)	d)	e)
12 – 10	14 – 10	15 – 10	17 – 10	20 – 10
19 – 10	16 – 10	18 – 10	13 – 10	11 – 10

$12 - 10 =$ □

2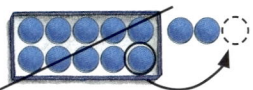

ICH + DU + WIR ▸ Wie rechnest du?
Wie rechnen andere?
Erklärt euch eure Tricks.

3 So legt und rechnet Sara. Erkläre.

1 zu viel weg, hier wieder dazu! 12 – 10 + 1 = □

– 8 ist auch fast – 10!

4

a)	b)	c)	d)
12 – 9 = □	11 – 9 = □	12 – 8 = □	11 – 8 = □
15 – 9 = □	17 – 9 = □	15 – 8 = □	17 – 8 = □
16 – 9 = □	13 – 9 = □	16 – 8 = □	13 – 8 = □
14 – 9 = □	18 – 9 = □	14 – 8 = □	18 – 8 = □

2, 3, 3, 4, 4, 5, 5, 6, 6, 7, 7, 8, 8, 9, 9, 10

5 Schöne Türme! Was entdeckst du? Setze fort.

a)	b)	c)
20 – 9 = □	13 – 9 = □	10 – 7 = □
19 – 9 = □	14 – 10 = □	11 – 8 = □
18 – 9 = □	15 – 11 = □	12 – 9 = □
17 – 9 = □	16 – 12 = □	13 – 10 = □

Erfinde eigene Rechentürme.

6 Oh, keine schönen Türme! Begründe. Repariere sie.

a)	b)	c)	d)
15 – 10 = □	13 – 4 = □	11 – 2 = □	15 – 7 = □
15 – 9 = □	14 – 5 = □	12 – 3 = □	14 – 5 = □
13 – 8 = □	13 – 6 = □	13 – 5 = □	13 – 5 = □
15 – 7 = □	13 – 7 = □	14 – 6 = □	12 – 4 = □

Reise ins Land des Sachrechnens

Schaubilder

1 `ICH + DU + WIR` Was könnt ihr aus dem Schaubild ablesen? Erklärt.

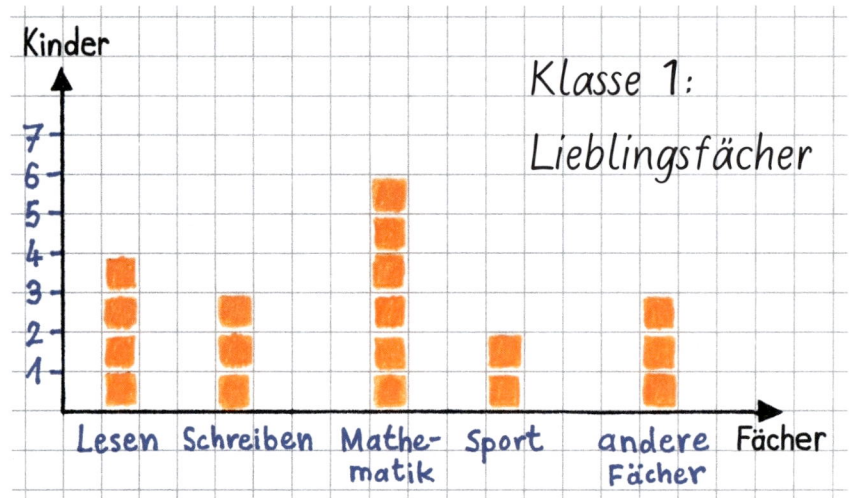

Kinder

Klasse 1: Lieblingsfächer

Lesen Schreiben Mathe-matik Sport andere Fächer Fächer

Mein Lieblingsfach ist ...

2 a) Zeichne das Schaubild aus Aufgabe 1 ab.

b) Schreibe so:

Lesen: ☐ Kinder

Schreiben: ☐ Kinder

Mathematik: ☐ Kinder

Sport: ☐ Kinder

andere Fächer: ☐ Kinder

c) Jedes Kind hat genau einmal geantwortet. Wie viele Kinder sind in der 1. Klasse?

Finde Rechenfragen zum Schaubild.

Wie kommt ihr zur Schule? Auto, Bus, Rad, Roller, zu Fuß … Zeichne ein Schaubild.

3 Welches Lieblingsfach haben die Kinder in deiner Klasse? Jeder gibt eine Antwort. Erstelle eine Strichliste und zeichne ein Schaubild.

Daten und Informationen aus Schaubildern entnehmen; Daten sammeln und darstellen

4 (ICH + DU + WIR) Was könnt ihr aus dem Schaubild ablesen? Erklärt.

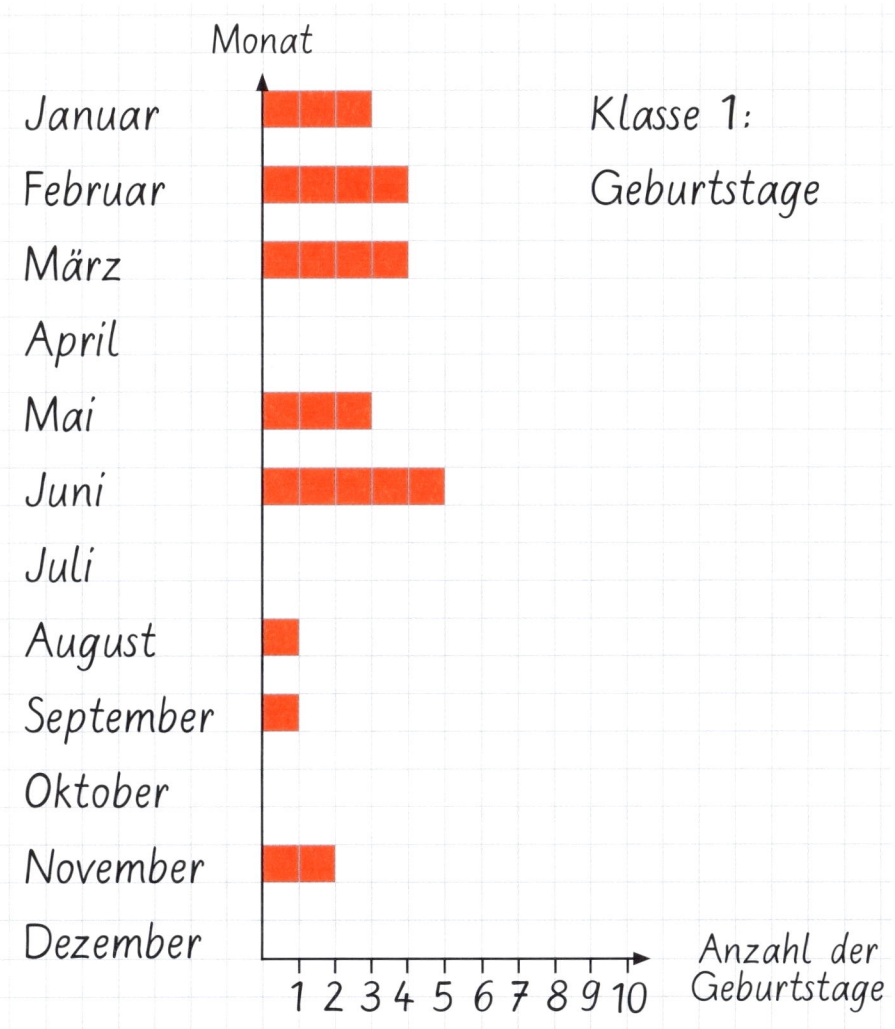

Klasse 1:
Geburtstage

Finde Rechenfragen zum Schaubild.

5 a) Zähle die Geburtstage.
  b) Zeichne das Schaubild ab.

Januar: Kinder
Februar: Kinder
...

6 Wann haben die Kinder in deiner Klasse Geburtstag? Erstelle eine Strichliste und zeichne ein Schaubild.

Sei schlau, schau genau! Aus Schaubildern kannst du viele Informationen entnehmen.

einfache Skizzen

Achtung! Jeweils nur eine Zahl ist richtig. Erst überlegen, dann rechnen!

1 Bibu bestellt 4 Eisbecher. In jedem Becher sind 3 Eiskugeln.

F: Wie viele Eiskugeln sind es zusammen?

a) **ICH + DU + WIR** Erstellt eine einfache Skizze (S). Wie geht ihr vor?

b) Weche Skizze ist einfach und klar? Zeichne.

S1:   S2:

c) Rechne (R): ☐ + ☐ + ☐ + ☐ = ☐

d) Antworte (A): ☐ Eiskugeln sind es zusammen.

| 3 | 4 | 8 | 12 |

| 1 | 4 | 5 | 20 |

2 Julia hat 8 Euro. Sie kauft mehrere Eishörnchen zu je 2 Euro.

F: Wie viele Eishörnchen kann sie kaufen?

S, R, A.

| 0 | 7 | 14 | 18 |

3 Vor der Eisdiele stehen 2 Erwachsene, 3 Kinder und 2 Hunde.

F: Wie viele Beine sind es zusammen?

S, R, A.

4 3 Frauen, 4 Männer, 6 Mädchen und 5 Jungen wollen sich in der Eisdiele möglichst gleich auf 5 Tische verteilen.

F: Wie viele Personen sitzen an den Tischen?

S, R, A.

Zeichne einfach, zeichne klar, schon stellt sich die Lösung dar.

5 Erfinde eine Rechengeschichte zu $2 + 3 + 4 = $ ☐.

Sachsituationen: Einfache Darstellungsformen entwickeln, wählen und nutzen

1 Schreibe jeweils beide Uhrzeiten.

a) ☐ Uhr   b) ☐ Uhr
☐ Uhr   ☐ Uhr

2 Wie viele Stunden sind vergangen?

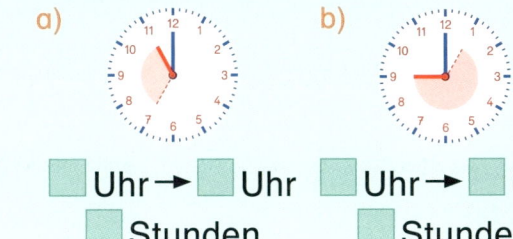

a) ☐ Uhr → ☐ Uhr
☐ Stunden

b) ☐ Uhr → ☐ Uhr
☐ Stunden

Bearbeite immer eine Aufgabe. Wie konntest du sie lösen? Male im Heft passend dazu:

3 a)
$9 + 3 = \square$ $5 + 9 = \square$ $2 + 9 = \square$ $6 + 6 = \square$
$6 + 5 = \square$ $8 + 3 = \square$ $5 + 7 = \square$ $9 + 4 = \square$

b)
$11 - 3 = \square$ $18 - 9 = \square$ $16 - 8 = \square$ $11 - 8 = \square$
$12 - 7 = \square$ $11 - 7 = \square$ $11 - 2 = \square$ $12 - 6 = \square$

4 Benjamin kauft 3 Eishörnchen.
In jedem Hörnchen sind 3 Eiskugeln.
F: Wie viele Eiskugeln sind es zusammen?
S, R, A

5 In der Klasse 1b hatte heute jedes Kind genau ein Stück Gemüse oder Obst dabei.

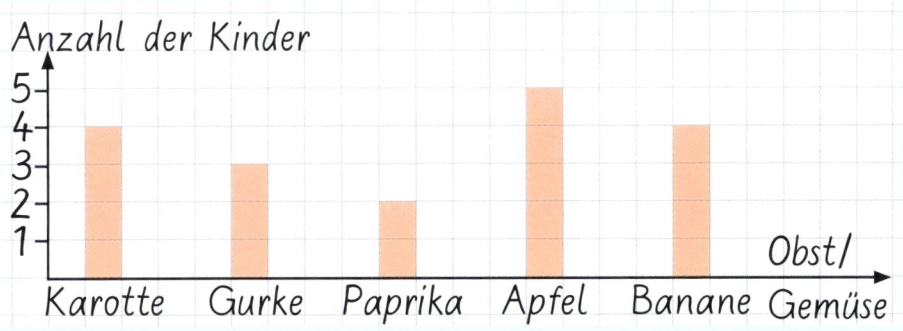

a) Wie viele Kinder hatten ein Stück Gurke dabei?
b) Wie viele Kinder waren heute da?
c) Wie viele Kinder aßen Obst?

Alles fertig? Überprüfe mit Seite 104.

6 a) Verdopple.

6	9	4	8

b) Halbiere.

14	6	20	4

Mit diesen Aufgaben
kannst du üben:

→ S. 86/3
→ S. 85/7

→ S. 92/6
S. 93/7, 9

→ S. 96/6
S. 97/9, 11

→ S. 102/1

→ S. 100/1, 2
S. 101/4, 5

→ S. 88/2
S. 90/3

1 Schreibe jeweils beide Uhrzeiten.

a) 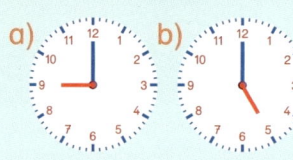 b)

9 Uhr   *5* Uhr
21 Uhr   *17* Uhr

2 Wie viele Stunden sind vergangen?

a)  b)

7 Uhr → *11* Uhr   *1* Uhr → *9* Uhr
4 Stunden   *8* Stunden

3 a)
$9 + 3 = 12$ $5 + 9 = 14$ $2 + 9 = 11$ $6 + 6 = 12$
$6 + 5 = 11$ $8 + 3 = 11$ $5 + 7 = 12$ $9 + 4 = 13$

b)
$11 - 3 = 8$ $18 - 9 = 9$ $16 - 8 = 8$ $11 - 8 = 3$
$12 - 7 = 5$ $11 - 7 = 4$ $11 - 2 = 9$ $12 - 6 = 6$

4 Benjamin kauft 3 Eishörnchen.

In jedem Hörnchen sind 3 Eiskugeln.

F: Wie viele Eiskugeln sind es zusammen?

R: *3 + 3 + 3 = 9*   S: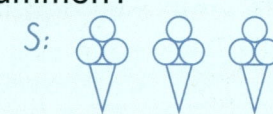

A: *9 Eiskugeln sind es zusammen.*

5 In der Klasse 1b hatte heute jedes Kind genau ein Stück Gemüse oder ein Stück Obst dabei.

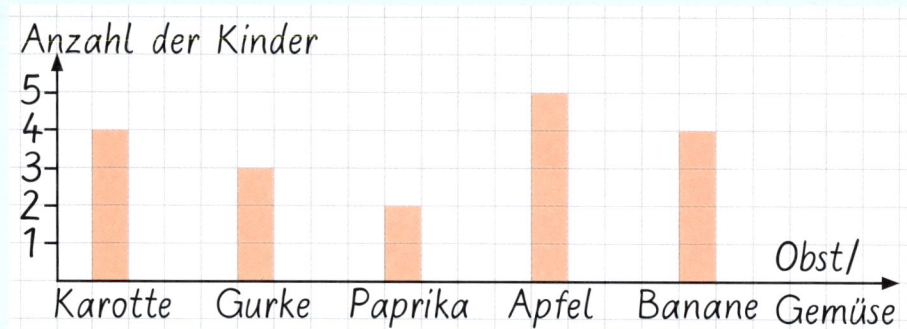

a) Wie viele Kinder hatten ein Stück Gurke dabei?   *3 Kinder*

b) Wie viele Kinder waren heute da?

18 Kinder   *4 + 3 + 2 + 5 + 4 = 18*

c) Wie viele Kinder aßen Obst?   *9 Kinder*

6 a) Verdopple.

6	9	4	8
12	18	8	16

b) Halbiere.

14	6	20	4
7	3	10	2

1

ICH Wie viele Möglichkeiten findest du, aus diesen 3 Würfeln einen Turm zu bauen?

DU Vergleiche mit deinem Partnerkind.

WIR Wie könnt ihr eure Lösungen ordnen?

Welche Möglichkeiten gibt es?

2 So plant und zeichnet Samuel. Erkläre.
Zeichne ab und ergänze.

  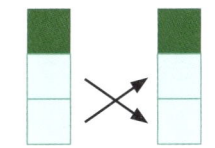

3 Bewegungspause ohne Wiederholungen!

1 Minute auf der Stelle hüpfen: H

1 Minute auf der Stelle laufen: L

1 Minute Kniebeugen: K

Welche Bewegungspause gefällt dir am besten?

a) Notiere mögliche Übungsabfolgen (6).

b) Erkläre den Plan und zeichne vollständig.

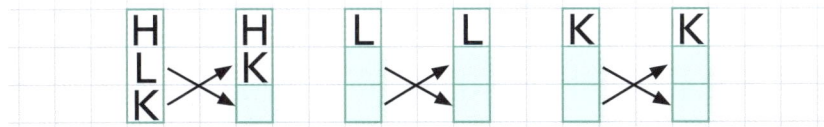

Übungen dürfen sich doppeln. Welche Möglichkeiten gibt es jetzt?

4 Wie kann Lena kombinieren?
Zeichne ihre Möglichkeiten (9).

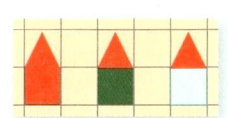

1 ICH + DU + WIR ▶ Beschreibt die Münzen.
Wie unterscheiden sie sich?
Was könnt ihr mit diesen Münzen kaufen?

2 Wer (1) kann die Semmel kaufen, wer nicht?

 Luisa   Hannes    Fabian   Jakob

Ludwig   Antonia   Christian   Steffi

Luisa:								
R: 5 c t +		c t +		c t +		c t =		c t
A: Luisa kann die Semmel ...								

3 Wie viel Geld fehlt den Kindern
aus Aufgabe 2, um die Semmel zu kaufen?

Ich beginne mit der größten Zahl.

Luisa:			
R: 1 3 c t +		c t = 2 0 c t	
A: Es fehlen noch		ct.	

Cent wird mit ct abgekürzt.

4 10 ct! Zeichne alle Möglichkeiten.

1 0 c t:	10 ct	oder	5 ct	5 ct	oder ...

20 ct! Zeichne.

Geldbeträge bestimmen und unterschiedlich darstellen

5  3 ct, 4 ct, 6 ct, 8 ct, 9 ct, 11 ct, 12 ct, 17 ct, 19 ct

a) Male oder lege. Finde viele Möglichkeiten.

b) Male möglichst wenige Münzen.

c) Male möglichst viele Münzen.

3 ct: ②ct ①ct
①ct ①ct ①ct

6 Erzähle und berechne das Rückgeld.

a)

Steffi kauft:	Steffi gibt:

Es kostet:

_ ct + _ ct = _ ct

Rückgeld:

_ ct ◯ _ ct = _ ct

A: Steffi bekommt _ ct zurück.

Es kostet:

🍭	10 ct
🍬	5 ct
⚫	1 ct
🐻	2 ct

Du hast 20 ct! Was kaufst du? Wie viel Geld bekommst du zurück?

Wie viele Cent ergeben wohl einen Euro?

b) | Christian kauft: | Christian gibt: |

c) | Erkan kauft: | Erkan gibt: |

d) | Sara kauft: | Sara gibt: |

e) | Antonia kauft: | Antonia gibt: |

f) | Jakob kauft: | Jakob gibt: |

g) | Samuel kauft: | Samuel gibt: |

h) | Armin kauft: | Armin gibt: |

i) | Renate kauft: | Renate gibt: |

1 ct, 3 ct, 3 ct, 4 ct, 4 ct, 4 ct, 5 ct, 6 ct, 8 ct

Cent kommt von **Cent**um. Das ist ein altes lateinisches Wort und heißt 100.

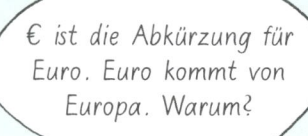

€ ist die Abkürzung für Euro. Euro kommt von Europa. Warum?

1 ICH + DU + WIR ▸ Beschreibt die Geldscheine und Münzen. Was könnt ihr damit kaufen?

2 Wer (3) kann das Buch kaufen, wer nicht?

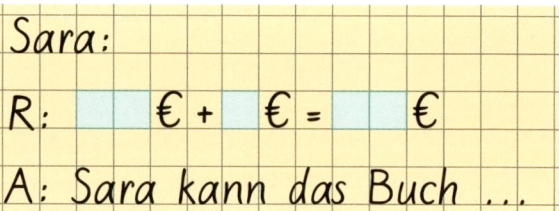

Sara

Sara:

R: ___ € + ___ € = ___ €

A: Sara kann das Buch ...

Resul	Samuel	Marie

  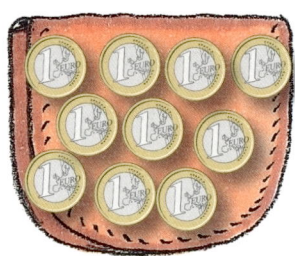

3 Wer hat am meisten Geld? Wer hat am wenigsten?

a) Tim

5 € + 5 € + 1 € = ___ €

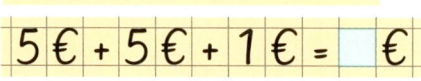

b) Steffi

c) Lukas

d) Moritz

e) Christian

f) Leila

Geldbeträge bestimmen und vergleichen

④

Wo kannst du den Betrag schnell erkennen?

3 €: 2€ 1€ 1€ 1€ 1€

a) Male oder lege zu jedem Preis.
Finde viele Möglichkeiten.

b) Male möglichst wenige Münzen und Geldscheine.

Du hast 20 €!
Was kaufst du?
Wie viel Geld
bekommst du
zurück?

⑤ Erst legen, dann malen.

a)	b)	c)
15€ 2 Geldscheine, 3 Münzen	20€ 1 Geldschein, 5 Münzen	10€ 7 Münzen
17€ 1 Geldschein, 4 Münzen	20€ 3 Geldscheine, 3 Münzen	9€ 7 Münzen
19€ 3 Geldscheine, 2 Münzen	20€ 4 Geldscheine	8€ 4 Münzen

Das muss ich probieren:
Ein 5-€-Schein,
zwei 1-€-Münzen!

7 €
3 Stück

⑥ Wie viel Geld haben die Kinder?

Ich habe 4 €
mehr als Samuel.

Ich habe 1 €
weniger als
Armin.

Ich habe
genauso viel Geld
wie Luisa.

Luisa   Samuel   Hannes   Armin

Erfinde Aufgaben
rund ums Geld für
„Unser Mathebuch".

Sachrechnen mit Geld

Achtung! Jeweils nur eine Zahl ist richtig. Erst überlegen, dann rechnen.

1 Du hast 20 €. Was kaufst du ein? Wie viel kostet es? Wie viel Geld bekommst du zurück?

2 Schreibe Frage (F), Rechnung (R), Antwort (A).

3 € | 17 € | 18 € | 25 €

a) Samuel kauft ein Bibu-Buch und eine Spitzerdose.
F: Wie viel kostet das zusammen?

5 € | 8 € | 9 € | 20 €

b) Julia kauft eine Packung Pinsel und einen Malblock.
F: Wie viel kostet das zusammen?

1 € | 6 € | 19 € | 20 €

c) Lena kauft eine Brotdose, einen Füller und ein Heft.
F: Wie viel kostet das insgesamt?

1 € | 7 € | 10 € | 11 €

d) Fabian kauft ein Paket Buntstifte und drei Hefte.
F: Wie viel kostet das insgesamt?

3 Leila kauft eine Spitzerdose, ein Paket Buntstifte und einen Malblock. Sie zahlt insgesamt 15 €.
Kann das sein?

4 Benjamin hat 11 €. Er möchte sich eine Brotdose, eine Packung Pinsel und ein Heft kaufen. Reicht das Geld?

5 Welche drei Dinge kosten zusammen 18 €?
Es gibt verschiedene Möglichkeiten.

Sachsituationen: Informationen zu Größen aus Bildern entnehmen

6 Wie viel Geld bekommen die Kinder zurück? Rechne.

a)

Armin kauft:	Armin gibt:

Rückgeld:

☐ € ◯ ☐ € = ☐ €

A: Armin bekommt

☐ *€ zurück.*

Lege mit Spielgeld.

b)

Fabian kauft:	Fabian gibt:

c)

Fine kauft:	Fine gibt:
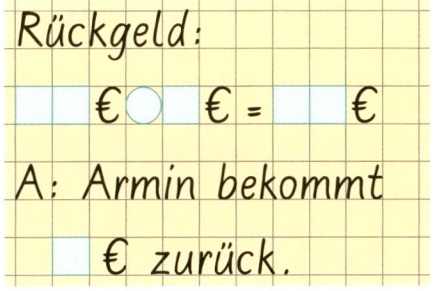	

d)

Antonia kauft:	Antonia gibt:

e)

Ludwig kauft:	Ludwig gibt:
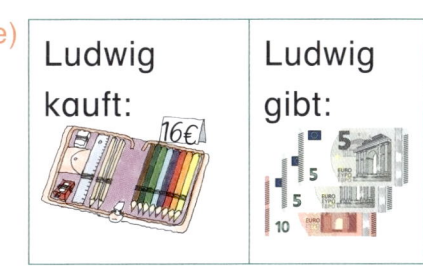	

f)

Jakob kauft:	Jakob gibt:

g)

Leila kauft:	Leila gibt:
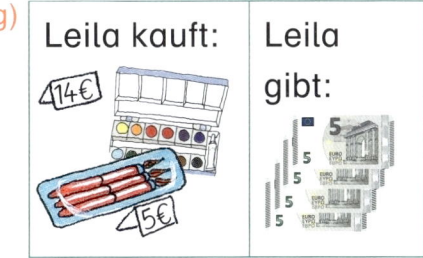	

0 €, 1 €, 3 €, 4 €, 5 €, 5 €, 6 €

7 Flohmarkt auf dem Schulhof.
Finde Rechenfragen zum Bild.
Schreibe und rechne.

Signalwörter erkennen, Rechenzeichen nennen:

zusammen insgesamt ⊕

Geld zurück Rückgeld ⊖

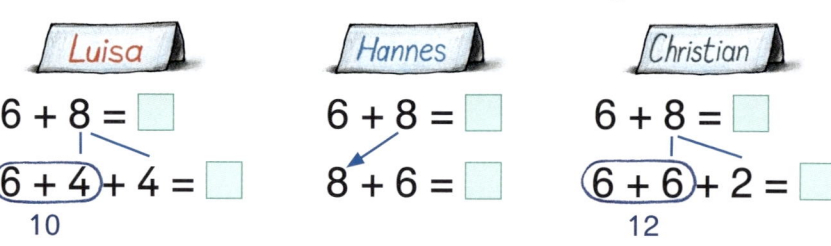

Rechentricks für ⊕ Aufgaben
- Tauschaufgabe
- Nachbaraufgabe
- In Schritten rechnen.
- Verdoppeln und dann weiterrechnen.
- + 8 ist fast + 10

1 Welcher Rechentrick vom Rand passt zu welchem Kind?
Welchen Trick findest du am besten? Begründe.

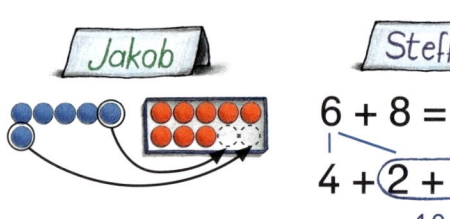
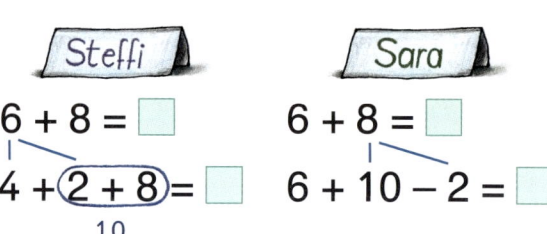

Luisa
6 + 8 = ☐
(6 + 4) + 4 = ☐
10

Hannes
6 + 8 = ☐
8 + 6 = ☐

Christian
6 + 8 = ☐
(6 + 6) + 2 = ☐
12

Jakob

Steffi
6 + 8 = ☐
4 + (2 + 8) = ☐
10

Sara
6 + 8 = ☐
6 + 10 − 2 = ☐

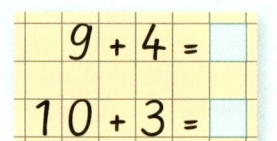

9 + 4 =
10 + 3 =

Finde weitere schöne Paare.

2 Schöne Paare! Erkläre deinem Partnerkind den Trick.

a)	b)	c)	d)	e)
9 + 4	9 + 7	9 + 6	9 + 8	9 + 5
10 + 3	10 + 6	10 + 5	10 + 7	10 + 4

f)	g)	h)	i)	j)
8 + 6	8 + 5	8 + 7	8 + 4	8 + 9
10 + 4	10 + 3	10 + 5	10 + 2	10 + 7

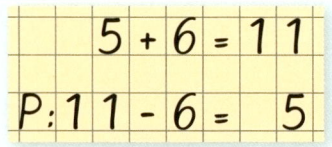

5 + 6 = 11
P: 11 − 6 = 5

3 Rechne zur Probe (P) auch die Umkehraufgabe.

a)	b)	c)	d)
5 + 6 = ☐	2 + 9 = ☐	7 + 8 = ☐	8 + 4 = ☐
5 + 9 = ☐	4 + 8 = ☐	7 + 6 = ☐	9 + 5 = ☐
5 + 7 = ☐	3 + 8 = ☐	6 + 7 = ☐	7 + 9 = ☐
5 + 8 = ☐	4 + 9 = ☐	9 + 8 = ☐	6 + 9 = ☐

11, 11, 11, 12, 12, 12, 13, 13, 13, 13, 14, 14, 15, 15, 16, 17

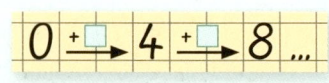

Erfinde Zahlenreihen.

4 Zahlenreihen! Achte auf die unsichtbaren Aufgaben.

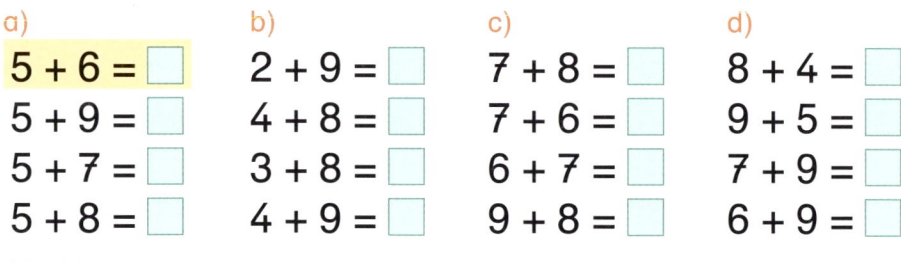

a) 0, 4, 8, ☐, ☐, 20   b) 20, 16, 12, ☐, ☐, 0

c) 0, 5, ☐, ☐, 20   d) 20, 15, ☐, ☐, 0

e) 12, 14, ☐, ☐, 20   f) 20, 18, ☐, ☐, 12

g) 5, 8, 11, ☐, ☐, 20   h) 20, 17, 14, ☐, ☐, 5

i) 9, 11, 13, ☐, ☐, 19   j) 19, 17, 15, ☐, ☐, 9

Rechenwege vergleichen und bewerten; arithmetische Muster fortsetzen

5 Welcher Rechentrick vom Rand passt zu welchem Kind?
Welchen Trick findest du am besten? Begründe.

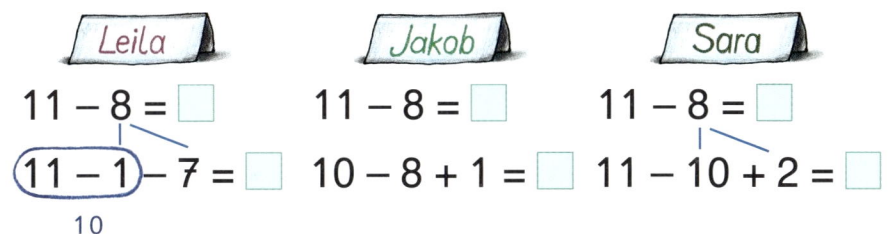

Leila	Jakob	Sara
11 − 8 = ☐	11 − 8 = ☐	11 − 8 = ☐
(11 − 1) − 7 = ☐	10 − 8 + 1 = ☐	11 − 10 + 2 = ☐
10		

6 Schöne Paare! Erkläre deinem Partnerkind den Trick.

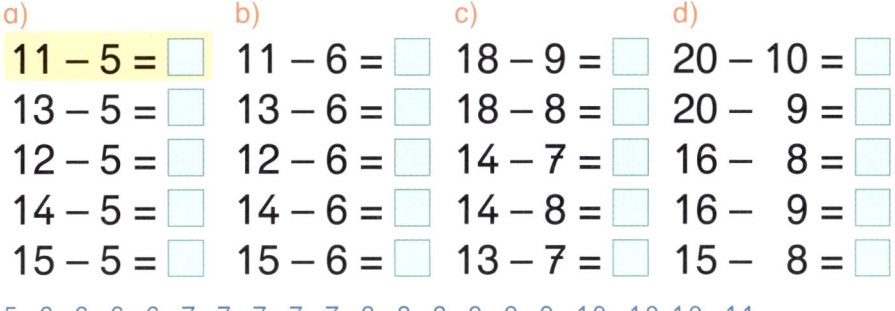

a)	b)	c)	d)	e)
11 − 8	11 − 4	11 − 9	11 − 6	11 − 5
10 − 7	10 − 3	10 − 8	10 − 5	10 − 4

f)	g)	h)	i)	j)
12 − 3	12 − 8	12 − 5	12 − 7	12 − 6
10 − 1	10 − 6	10 − 3	10 − 5	10 − 4

7 Rechne zur Probe (P) auch die Umkehraufgabe.

a)	b)	c)	d)
11 − 5 = ☐	11 − 6 = ☐	18 − 9 = ☐	20 − 10 = ☐
13 − 5 = ☐	13 − 6 = ☐	18 − 8 = ☐	20 − 9 = ☐
12 − 5 = ☐	12 − 6 = ☐	14 − 7 = ☐	16 − 8 = ☐
14 − 5 = ☐	14 − 6 = ☐	14 − 8 = ☐	16 − 9 = ☐
15 − 5 = ☐	15 − 6 = ☐	13 − 7 = ☐	15 − 8 = ☐

5, 6, 6, 6, 6, 7, 7, 7, 7, 7, 8, 8, 8, 9, 9, 9, 10, 10, 10, 11

8 Setze ein: < (3), > (5) oder = (2).

a)
3 + 9 ◯ 15 − 3
19 − 4 ◯ 8 + 6
3 + 5 ◯ 12 − 5
14 − 7 ◯ 1 + 9
4 + 7 ◯ 19 − 7

b)
4 + 5 ◯ 13 − 6
13 − 5 ◯ 2 + 6
7 + 9 ◯ 20 − 5
15 − 9 ◯ 1 + 6
6 + 9 ◯ 18 − 4

9 Zahlenreihen! Achte auf die unsichtbaren Aufgaben.

a) 3, 8, 7, 12, ☐, 16
b) 10, 8, 14, 12, ☐, 16
c) 10, 7, 13, 10, ☐, 13
d) 20, 12, 15, 7, ☐, 2

Rechentricks für ⊖ Aufgaben

- In Schritten rechnen.
- − 8 ist fast − 10.
- Zuerst von der 10 wegnehmen, dann die Einer dazu.

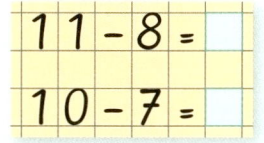

Finde weitere schöne Paare.

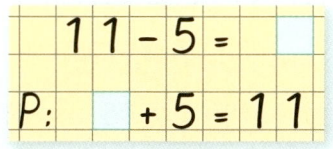

Finde Aufgabenpaare.

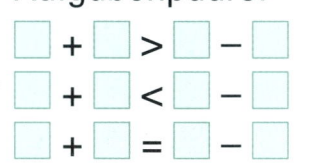

☐ + ☐ > ☐ − ☐
☐ + ☐ < ☐ − ☐
☐ + ☐ = ☐ − ☐

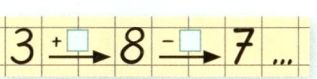

Erfinde Zahlenreihen.

🕐 Seite 92, Aufgabe 6 $8 + 3 = \square$

① Plättchen erraten
- Spielt ebenso mit anderen Zahlen.

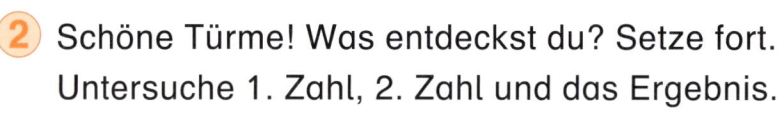

② Schöne Türme! Was entdeckst du? Setze fort.
Untersuche 1. Zahl, 2. Zahl und das Ergebnis.

a)	b)	c)	d)
$8 + \square = 13$	$2 + \square = 11$	$9 + \square = 12$	$9 + \square = 18$
$8 + \square = 14$	$3 + \square = 11$	$8 + \square = 13$	$8 + \square = 17$
$8 + \square = 15$	$4 + \square = 11$	$7 + \square = 14$	$7 + \square = 16$
$8 + \square = 16$	$5 + \square = 11$	$6 + \square = 15$	$6 + \square = 15$

Hier steht der **Platzhalter**.

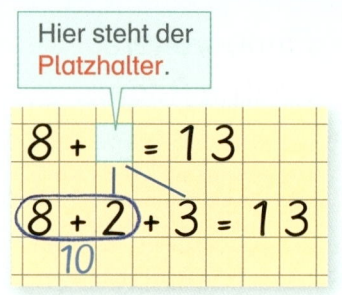

$8 + \square = 13$

$8 + 2 + 3 = 13$

10

Erfinde eigene Rechentürme.

③ Erzähle und rechne.

Am Anfang …   Dann …   Am Ende …

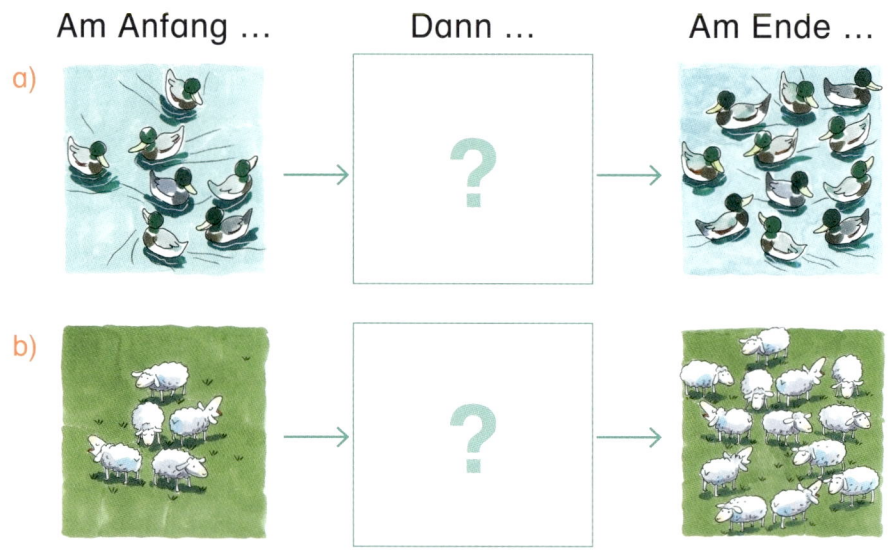

a)

b)

Erfinde eine Rechengeschichte für „Unser Mathebuch". Am Anfang … Wie viele dazu? Am Ende …

④ Male und schreibe eine Rechengeschichte zu $6 + \square = 14$.
Denke an die Rechenfrage: Wie viele …?

Den Grundrechenarten verschiedene Handlungen zuordnen

⏱ Seite 97, Aufgabe 9 $11 - 6 = \square$

⑤ Plättchen erraten
- Spielt ebenso mit anderen Zahlen.

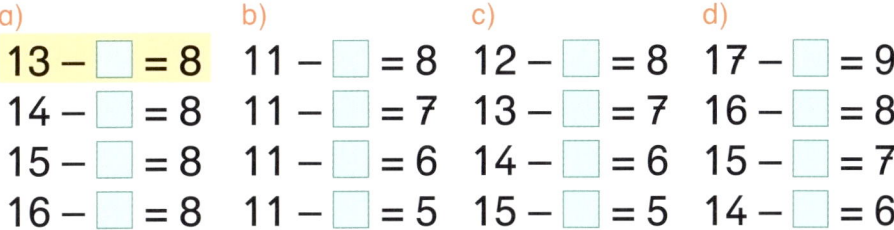

⑥ Schöne Türme! Was entdeckst du? Setze fort.
Untersuche 1. Zahl, 2. Zahl und das Ergebnis.

a)
$13 - \square = 8$
$14 - \square = 8$
$15 - \square = 8$
$16 - \square = 8$

b)
$11 - \square = 8$
$11 - \square = 7$
$11 - \square = 6$
$11 - \square = 5$

c)
$12 - \square = 8$
$13 - \square = 7$
$14 - \square = 6$
$15 - \square = 5$

d)
$17 - \square = 9$
$16 - \square = 8$
$15 - \square = 7$
$14 - \square = 6$

Hier steht der **Platzhalter**.

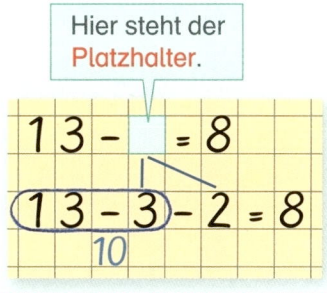

Erfinde eigene Rechentürme.

⑦ Erzähle und rechne.

Am Anfang …   Dann …   Am Ende …

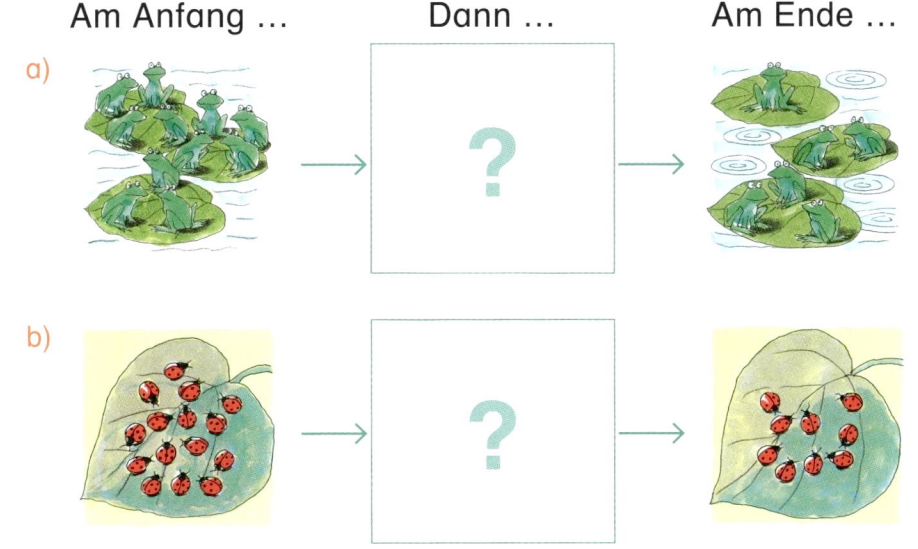

a)

b)

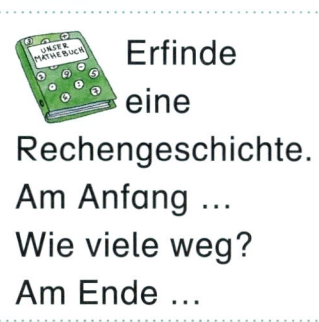

Erfinde eine Rechengeschichte.
Am Anfang …
Wie viele weg?
Am Ende …

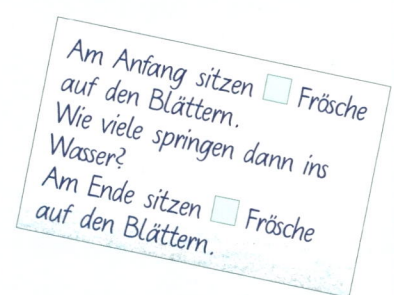

Am Anfang sitzen ☐ Frösche auf den Blättern.
Wie viele springen dann ins Wasser?
Am Ende sitzen ☐ Frösche auf den Blättern.

⑧ Male und schreibe eine Rechengeschichte zu $14 - \square = 6$.
Denke an die Rechenfrage: Wie viele …?

Trick: Umkehraufgaben

⏱ Seite 62, Aufgabe 2   Umkehraufgaben

1

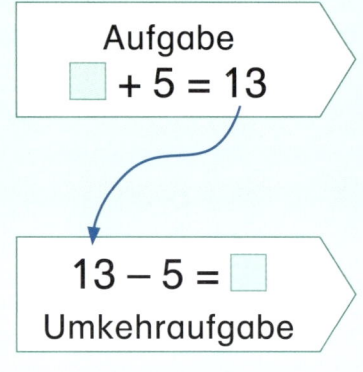

`ICH + DU + WIR` ▶ Wie rechnest du?
Wie rechnen andere? Überprüft so:
Am Anfang ... Dann ... Am Ende ...

2 Wie hängen die Aufgaben zusammen? Erkläre.

Aufgabe
☐ + 5 = 13

13 − 5 = ☐
Umkehraufgabe

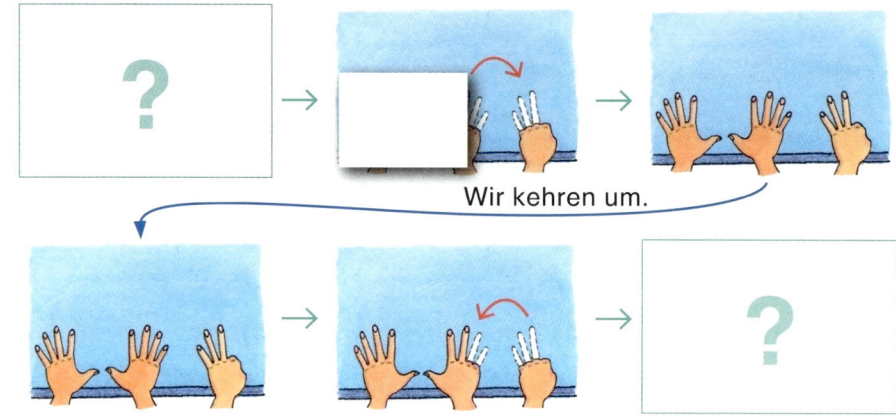

Wir kehren um.

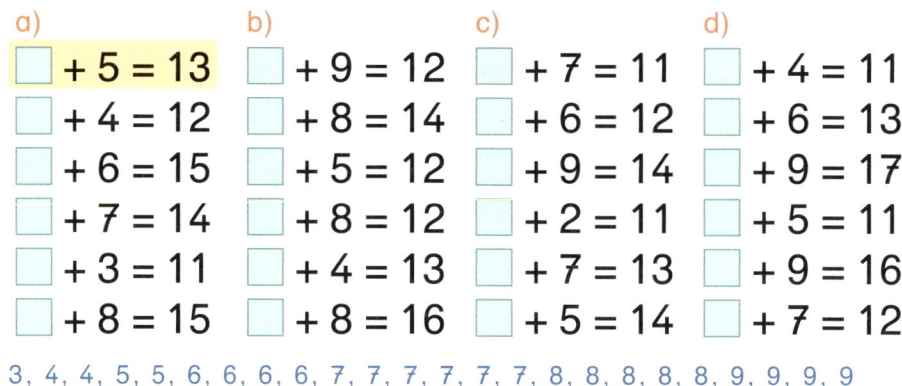

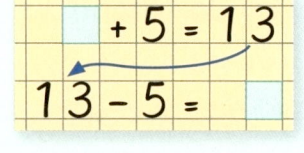

Rechne weitere
Aufgaben und
Umkehraufgaben.

3 Schreibe Aufgabe und Umkehraufgabe.

a)	b)	c)	d)
☐ + 5 = 13	☐ + 9 = 12	☐ + 7 = 11	☐ + 4 = 11
☐ + 4 = 12	☐ + 8 = 14	☐ + 6 = 12	☐ + 6 = 13
☐ + 6 = 15	☐ + 5 = 12	☐ + 9 = 14	☐ + 9 = 17
☐ + 7 = 14	☐ + 8 = 12	☐ + 2 = 11	☐ + 5 = 11
☐ + 3 = 11	☐ + 4 = 13	☐ + 7 = 13	☐ + 9 = 16
☐ + 8 = 15	☐ + 8 = 16	☐ + 5 = 14	☐ + 7 = 12

3, 4, 4, 5, 5, 6, 6, 6, 6, 7, 7, 7, 7, 7, 7, 7, 8, 8, 8, 8, 8, 9, 9, 9, 9

Ist der Platz ganz
vorne leer, rechne
ich von hinten her:
die
Umkehraufgabe.
☐ + 5 = 13
Wir
kehren um.
13 − 5 = ☐
Aus ⊕ wird ⊖.

4 Erzähle und rechne.

Am Anfang ...   Dann ...   Am Ende ...

5 Male und schreibe eine Rechengeschichte zu ☐ + 8 = 14.

Rechenstrategien nutzen

6

☐ – 5 = 8

ICH + DU + WIR ▶ Wie rechnest du?
Wie rechnen andere? Überprüft so:
Am Anfang ... Dann ... Am Ende ...

7 Wie hängen die Aufgaben zusammen? Erkläre.

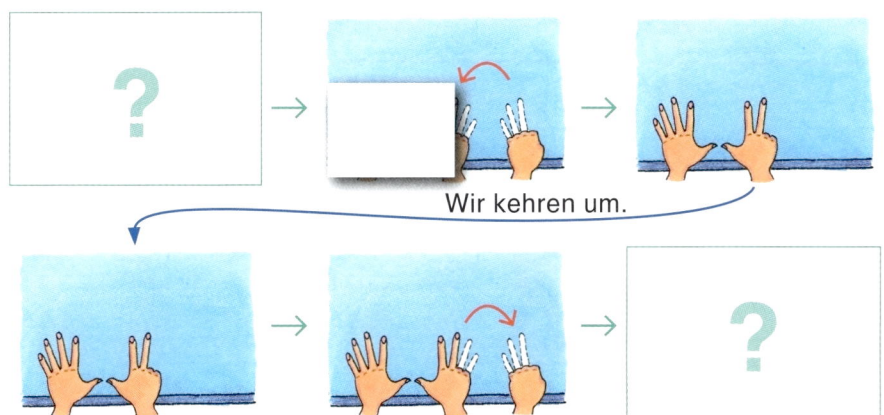

Wir kehren um.

Aufgabe
☐ – 5 = 8

8 + 5 = ☐
Umkehraufgabe

8 Schreibe Aufgabe und Umkehraufgabe.

a)
☐ – 5 = 8
☐ – 4 = 8
☐ – 6 = 9
☐ – 7 = 7

b)
☐ – 9 = 3
☐ – 8 = 6
☐ – 5 = 7
☐ – 8 = 4

c)
☐ – 3 = 8
☐ – 6 = 6
☐ – 9 = 5
☐ – 2 = 9

d)
☐ – 4 = 7
☐ – 6 = 7
☐ – 9 = 8
☐ – 5 = 6

11, 11, 11, 11, 12, 12, 12, 12, 12, 13, 13, 14, 14, 14, 15, 17

– 5 = 8
8 + 5 =

Rechne weitere
Aufgaben und
Umkehraufgaben.

9
a)
6 + 7 = ☐
3 + ☐ = 12
☐ + 4 = 11
16 – 8 = ☐
12 – ☐ = 7
☐ – 6 = 9

b)
9 + 8 = ☐
6 + ☐ = 11
☐ + 7 = 14
13 – 8 = ☐
14 – ☐ = 9
☐ – 8 = 3

c)
2 + 9 = ☐
8 + ☐ = 12
☐ + 8 = 14
12 – 8 = ☐
17 – ☐ = 9
☐ – 9 = 4

6 + 7 = 13
13   13

Ist der Platz ganz
vorne leer, rechne
ich von hinten her:
die
Umkehraufgabe.
☐ – 5 = 8
Wir
kehren um.
8 + 5 = ☐
Aus ⊖ wird ⊕.

10 Achtung, Fehler (7)! Rechne alles richtig.

a)
6 + 9 = 15
3 + 15 = 12
15 + 4 = 11

b)
16 – 7 = 9
12 – 4 = 7
6 – 3 = 9

c)
9 + 8 = 17
6 + 7 = 11
7 + 7 = 14

d)
13 – 6 = 8
18 – 9 = 9
11 – 5 = 7

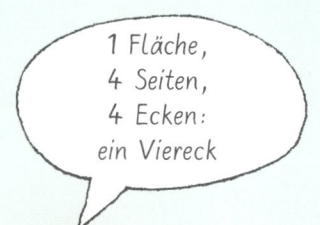

1 Fläche,
4 Seiten,
4 Ecken:
ein Viereck

⏱ Seite 64, Aufgabe 2   Flächenformen

1 ICH + DU + WIR ▶ Welche Vierecke (3) sind gleichzeitig Rechtecke? Wie könnt ihr das feststellen?

A   B   C   D

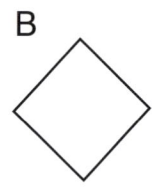

Eckenmesser basteln

2 So überprüft Leila Vierecke. Beschreibe.

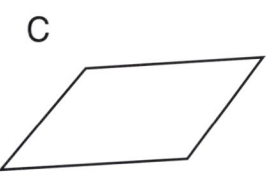

Mein Eckenmesser passt genau! Ein Rechteck.

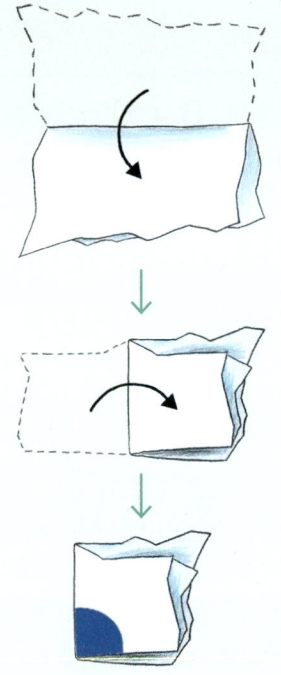

3 Überprüfe mit deinem Eckenmesser. Welche Flächenformen sind …

a) … Vierecke (10)?   b) … Rechtecke (4)?

c) … Quadrate (2)?

A   B   C   D

E   F   G   H

I   J   K   L

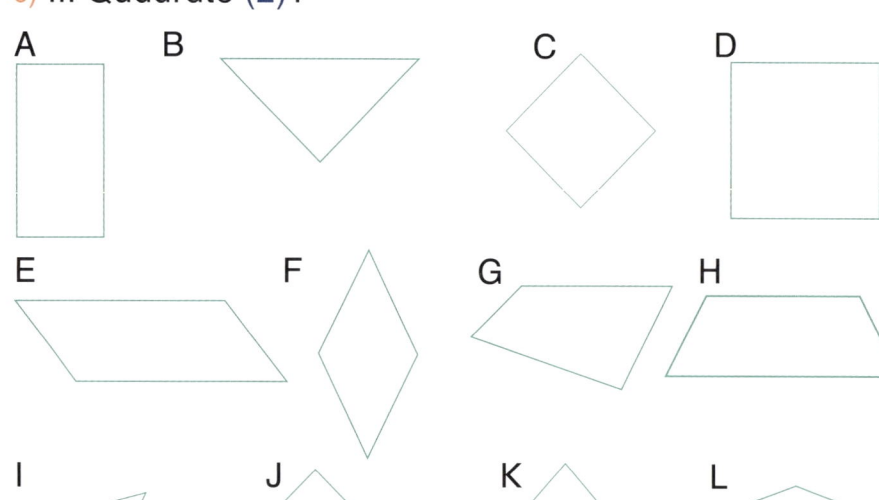

Schneide ein ⬜.
Schneide daraus
ein ☐.
Schneide daraus
ein ☐.

Quadrate,
Rechtecke und
Vierecke haben
4 Ecken,
4 Seiten und
1 Fläche.

4 Setze passend ein: Rechteck (2), Quadrat (2).

Das ☐ und das ☐ sind besondere Vierecke.

Das ☐ ist ein besonderes ☐.

1 Spanne auf dem Geobrett und zeichne.

a) 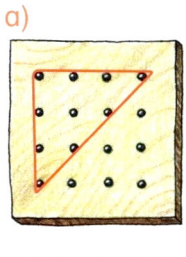 b) 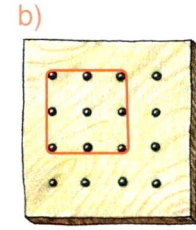 c) 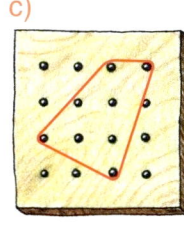 d)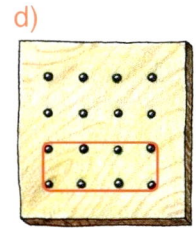

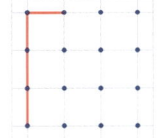 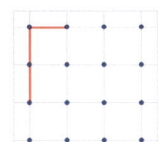 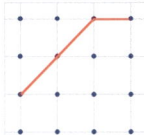 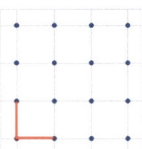

Wie heißen die Flächenformen?

2 Finde immer 4 Lösungen. Spanne zuerst, dann zeichne.

a) nur Dreiecke b) nur Quadrate c) nur Rechtecke d) nur Vierecke

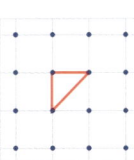 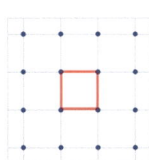 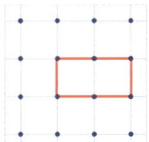 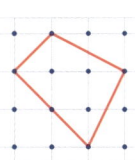

Spanne und zeichne viele Quadrate.

3 Welche Figur entsteht? Erst überlegen, dann das Gummiband um die Punkte legen. Zeichne.

a) 3, 8, 11, 6, 3   b) 1, 9, 16, 3, 1
c) 5, 2, 12, 15, 5   d) 5, 3, 12, 14, 5
e) 14, 5, 4, 14   f) 1, 15, 3, 1
g) 13, 9, 4, 14, 13   h) 6, 7, 11, 6

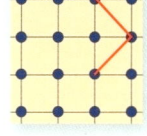

4 Spannen auf dem Geobrett

Spanne von der 2 zur 7. Dann ...

5 Ist das möglich? Spanne und zeichne Formen mit ...

a) ... 4 Ecken   b) ... 5 Ecken   c) ... 6 Ecken
d) ... 7 Ecken   e) ... 8 Ecken   f) ... 9 Ecken

⏱ Seite 65, Aufgabe 2   Flächeninhalt

1 a) Spanne jeweils mit einem Faden.
Welcher ist am längsten?

A   B   C   D

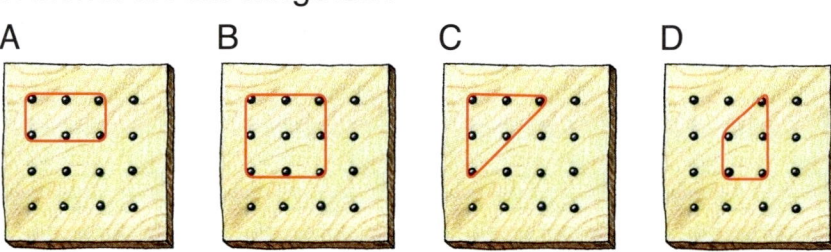

b) Die Fadenlänge entspricht dem **Umfang** einer Fläche.
Ordne zu.

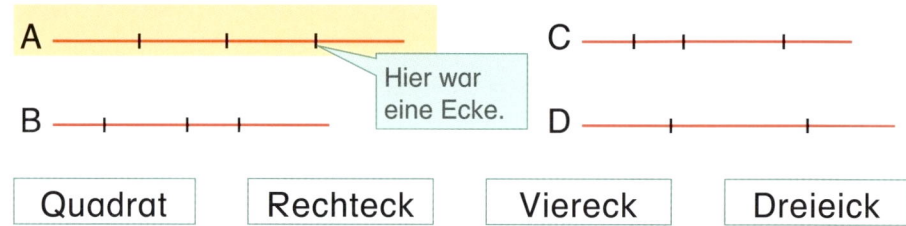

A ——|——|——————   C ——|——|————|——

Hier war eine Ecke.

B ——|————|——|——   D ——————|————|——

| Quadrat | Rechteck | Viereck | Dreieck |

2 a) Welche Flächen sind gleich groß? Begründe.

A   B   C   D

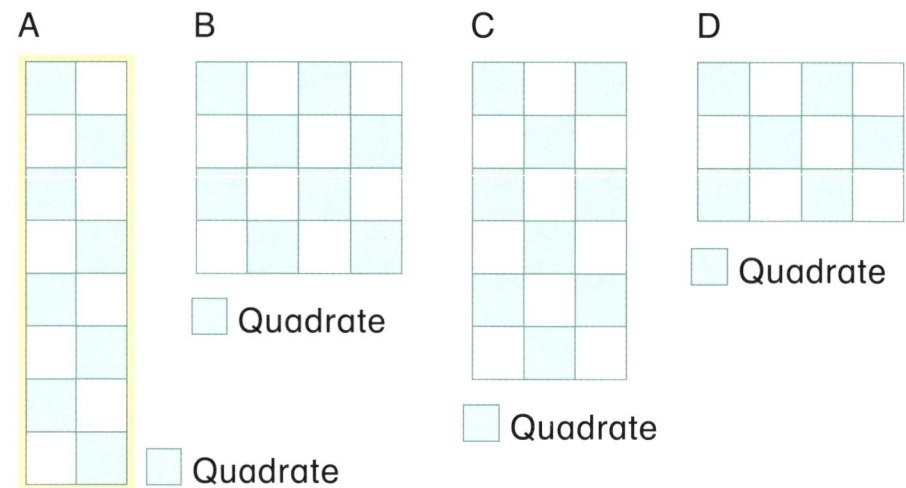

☐ Quadrate

☐ Quadrate

☐ Quadrate

☐ Quadrate

b) Welche Fläche hat den größten Umfang?
Was fällt auf?

3 Stell dir vor, du schneidest Fläche A aus Aufgabe 2
in einzelne Quadrate. Lege so, dass der Umfang ...
a) ... größer ist als A.   b) ... kleiner ist als A.
Zeichne.

Umfang A: ☐

A: 16 Quadrate

12 Quadrate!
Zeichne Flächen.
• möglichst
  großer Umfang
• möglichst
  kleiner Umfang

Die Begrenzungslinie einer Fläche heißt **Umfang**.

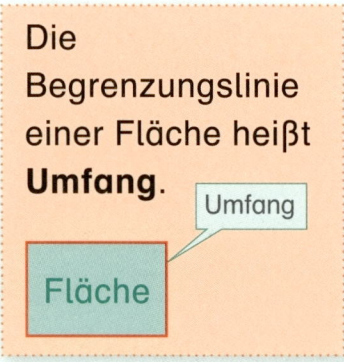

Umfang

Fläche

1 Leila hat:
A K B

In welcher Reihenfolge kann sie das essen?
Schreibe alle Möglichkeiten auf.

1. A
2. K
3. B

Bearbeite immer
eine Aufgabe.
Wie konntest du
sie lösen?
Male im Heft
passend dazu:

☺ ☻ ☹

2 a) Wer hat wie viel Geld?

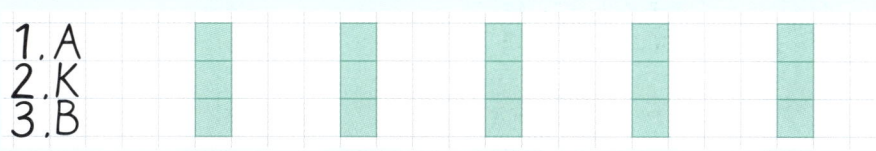

Sara   Luisa   Christian

☐ Cent   ☐ Cent   ☐ Cent

b) Nur ein Kind kann das Heft kaufen.

F: Wie viele Cent bleiben ☐☐☐ übrig?

R:

A: ☐ Cent bleiben ☐☐☐ übrig.

15 ct

Alles fertig?
Überprüfe mit
Seite 122.

3 Zahlenreihen! Setze fort.

a) 5, 10, 15, ☐   b) 18, 15, 12, ☐   c) 20, 16, 12, ☐

4 Setze ein: <, > oder =.

a) 6 + 5 ◯ 18 − 7   b) 8 + 9 ◯ 20 − 4   c) 4 + 8 ◯ 19 − 5

5 a) 7 + 9 = ☐   b) 9 + ☐ = 15   c) ☐ + 7 = 13
16 − 8 = ☐   14 − ☐ = 8   ☐ − 4 = 9

6 Zeichne ein Quadrat. Zeichne dann eine Linie, die das
Quadrat in zwei Rechtecke teilt.

Mit diesen Aufgaben
kannst du üben:

→ S.105/3

1 Leila hat:
A   K   B

In welcher Reihenfolge kann sie das essen.
Schreibe alla Möglichkeiten auf.

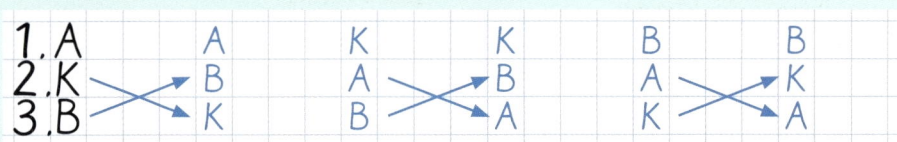

1. A   A   K   K   B   B
2. K   B   A   B   A   K
3. B   K   B   A   K   A

2 a) Wer hat wie viel Geld?

14 Cent   19 Cent   13 Cent

→ S.106/2

b) Nur ein Kind kann das Heft kaufen.

F: Wie viele Cent bleiben *Luisa* übrig?

R: 15 ct + 4 ct = 19 ct

A: 4 Cent bleiben *Luisa* übrig.

→ S.107/6

3 Zahlenreihen! Setze fort.

a) 5, 10, 15, *20*   b) 18, 15, 12, *9*   c) 20, 16, 12, *8*

→ S.112/4

4 Setze ein: $<$, $>$ oder $=$.

a) $6 + 5 = 18 - 7$ b) $8 + 9 > 20 - 4$ c) $4 + 8 < 19 - 5$

→ S.113/8

→ S. 112/3, S. 113/7
S. 114/2, S. 115/6
S. 116/3, S. 117/8

5 a) $7 + 9 = 16$ b) $9 + 6 = 15$ c) $6 + 7 = 13$
$16 - 8 = 8$ $14 - 6 = 8$ $13 - 4 = 9$

6 Zeichne ein Quadrat. Zeichne dann eine
Linie, die das Quadrat in zwei Rechtecke teilt.

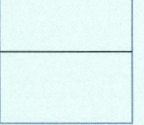

→ S.118/1

1 Bibu baut eine Rechenmauer. Erkläre.

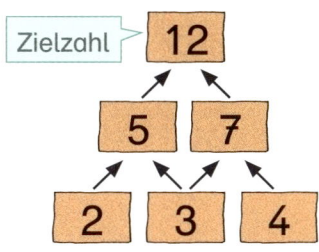

Zielzahl

2 Zeichne ab und rechne. Was fällt dir auf?

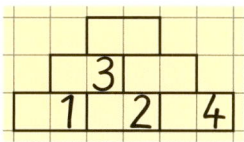

Probiere mit 3
anderen Zahlen.
Ist das immer so?

3 Vergrößere in Aufgabe 2 die Zahlen in den unten
genannten Steinen jeweils um 1. Was entdeckst du?

a) linker, unterer Stein
b) rechter, unterer Stein
c) mittlerer, unterer Stein
d) alle unteren Steine

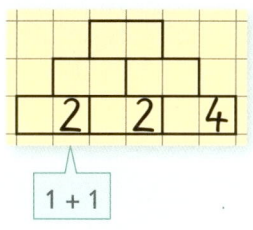

4 Hier gibt es viele Möglichkeiten.

Zielzahl 10!
Finde alle
Möglichkeiten.

5 Setze die Zahlen geschickt ein.

möglichst
kleine Zahl

möglichst
große Zahl

Erfinde
Rechenmauern.

einfache Skizzen

0 1 10 20

Achtung!
Jeweils nur eine Zahl ist richtig. Erst überlegen, dann rechnen.

0 1 8 10

2 8 15 18

1 In der Schule! Jeweils nach 5 Aufgaben überprüft Luisa die Lösungen. Sie geht 4-mal zum Kontrollblatt.
F: Wie viele Aufgaben hat Luisa gelöst?
a) ICH + DU + WIR ▶ Erstellt eine Skizze (S). Vergleicht.
b) Welche Skizze ist nützlicher? Begründe.
   Zeichne sie ab. Rechne (R) und antworte (A).

2 Lukas geht in der Schule täglich einmal vom Klassenzimmer zum WC.
F: Wievielmal geht er diesen Weg in einer Schulwoche?
S, R, A.

3 Wie oft gehst du in einer Schulwoche den Weg vom Klassenzimmer zum WC.
S, R, A.

4 Armin legt 3 Stäbe auf den Tisch. Auf jedem Stab sind 5 Perlen.
F: Wie viele Perlen sieht Armin?
Welche Skizze ist richtig? Begründe.
S, R, A.

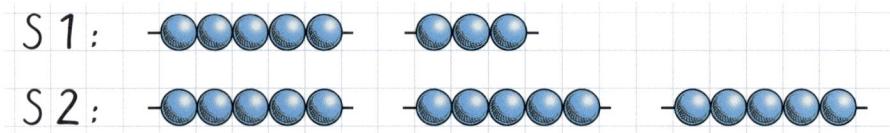

Sachsituationen: Einfache Darstellungsformen entwickeln, wählen und nutzen

5 In einer Klasse sind 20 Kinder. Davon sind 8 Mädchen.

F: Wie viele Jungen sind in der Klasse?

a) So hat Sara skizziert. Erkläre.

S: ⓂⓂⓂⓂⓂⓂⓂⓂⒿⒿⒿⒿⒿⒿⒿⒿⒿⒿⒿⒿ

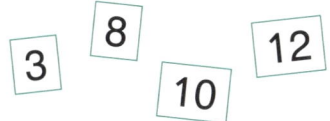

b) Schreibe Rechnung (R) und Antwort (A).

6 Von den 20 Kindern der Klasse sind 3 Kinder krank.

F: Wie viele Kinder sind heute in der Schule?

S, R, A.

7 In der Klasse sind 8 Mädchen, aber heute sind davon nur 7 in der Schule.

F: Wie viele Mädchen sind krank?

S, R, A.

8 In einer Klasse mit 20 Kindern sind 8 Mädchen.

F: Wie viele Jungen sind es mehr als Mädchen.

S, R, A.

9 In einer Klasse sind 20 Kinder. Es sind 2 Mädchen mehr als Jungen.

F: Wie viele Mädchen und Jungen sind in der Klasse?

S, R, A.

10 Schreibe eine Rechengeschichte für deine Klasse.

krank   Jungen   insgesamt

in der Schule   Mädchen

Zeichne einfach, zeichne klar, schon stellt sich die Lösung dar.

Rechenfragen

1

Ein Döner kostet 4 €.

Einen Döner bitte!

- Wie viel Geld hat Luisa dabei?
- Wann kauft Luisa ein?
- Für wen kauft Luisa ein?
- Wann öffnet der Imbiss?
- Wie viel kostet ein Döner?
- Wie viel Geld bekommt Luisa zurück?
- Wie alt ist Luisa?

a) Welche Fragen sind wichtig? Erkläre, warum.

b) Zu welchen Fragen findest du die Antwort im Bild?

c) Bei welcher Frage musst du **rechnen**, um die Antwort zu finden? Wie heißt die **Rechen**frage?

2 Finde **Rechen**fragen zum Bild. Schreibe und rechne.

Wie viel …?

Wie lange …?

…?

Bei einer **Rechen**frage musst du **rechnen**, um die Antwort zu finden.

Ein Wasser, bitte.

- Döner   4 €
- Salat   3 €
- Wasser   1 €
- Limo   2 €

Mo-Fr. 8⁰⁰–20⁰⁰
Sa. 10⁰⁰–15⁰⁰

3 Du hast 10 €! Was kannst du kaufen? Finde mehrere Möglichkeiten.

Jeweils nur eine Zahl ist richtig. Erst überlegen, dann rechnen.

4 Schreibe zu den Rechengeschichten: F, R, A.
Erkläre: Wie führt die Frage zur Antwort?

a)

Marie füttert 2 Enten.
5 kleine Enten kommen dazu.
F: | Wie viele | | ? |
            Enten sind jetzt da
A: | ☐ | | . |

| 0 | **2** | **7** | **20** |

b)

Vor dem Zauberer sitzen 12 Hasen.
Simsalabim! Jetzt sind nur noch
4 Hasen da.
F: | Wie viele | Hasen sind
              verschwunden | ? |

| 0 | **8** | **12** | **16** |

c)

Leila kauft 2 Mäuse. Am nächsten
Tag sind es 11 Mäuse.
F: | Wie viele | Mäuse wurden
              geboren | ? |

| **2** | **9** | **11** | **13** |

d)

Bibu hat 11 volle Honiggläser. Nach
einer Mahlzeit sind noch 4 volle
Gläser übrig.
F: | Wie viele | Gläser hat Bibu
              ausgeschleckt | ? |

| **1** | **4** | **7** | **15** |

5 Finde die Rechenfragen. Rechne.

a)

Sonja füttert 4 Enten. 3
sind bald satt und fliegen
davon. Schon schwimmen
2 andere Enten herbei.

b)

Im Stall stehen 4 Pferde.
Ein Auto holt zwei Pferde
ab. Kurz darauf bringen
Kinder 3 Pferde zurück.

Die Frage führt zur Antwort.

Du brauchst einen Taschenspiegel ohne Rand.

Sammelt achsensymmetrische Dinge und stellt sie aus.

A:

achsensymmetrisch

① Stelle einen Spiegel auf die rote Linie.
Dann siehst du Bibus ganze Burg.

Symmetrieachse

② Nur Bibus Burg ist **achsensymmetrisch**. Begründe.

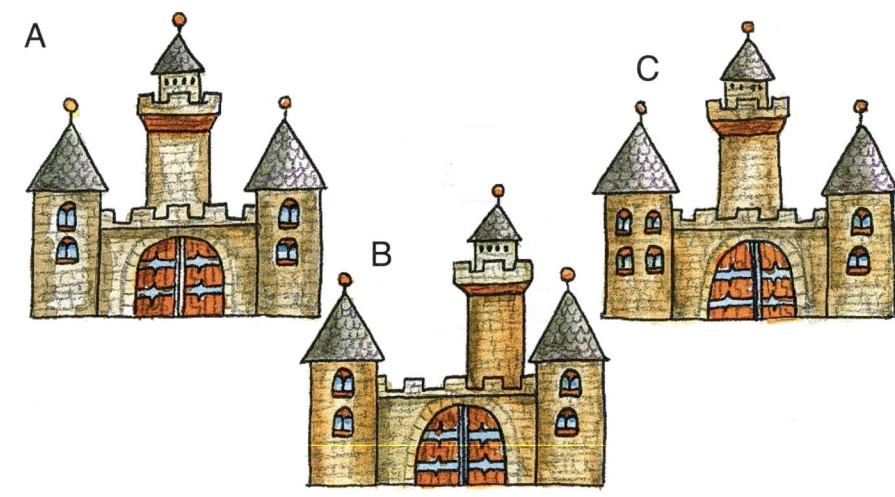

A

B

C

③ Überprüfe, welche Bilder (7) achsensymmetrisch sind.

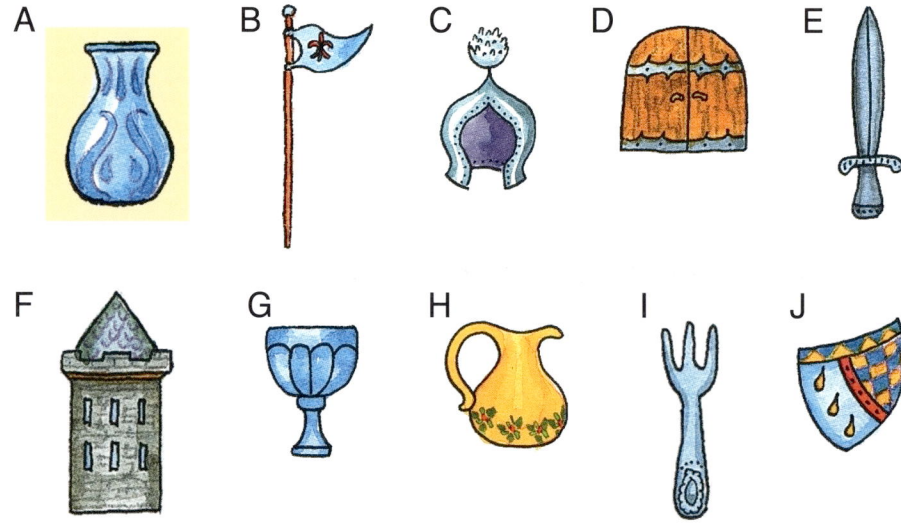

A   B   C   D   E

F   G   H   I   J

Merkmale achsensymmetrischer Figuren beschreiben; Achsensymmetrie überprüfen

4 Suche zu jedem Teil A das achsensymmetrische Bild.

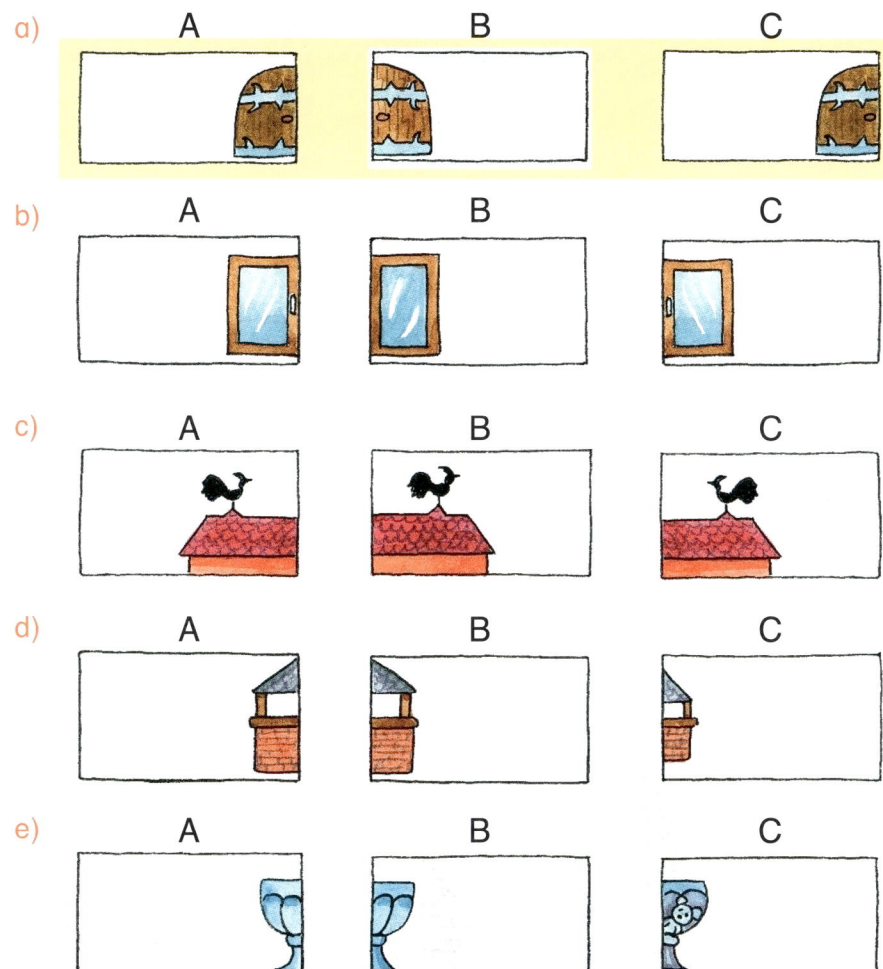

a)   A   B   C

b)   A   B   C

c)   A   B   C

d)   A   B   C

e)   A   B   C

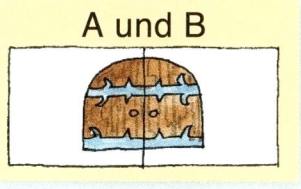

A und B

Ich überprüfe mit dem Spiegel.

5 Symmetrieachse |!
Zeichne und ergänze die Tabelle.

im Bild	im Spiegelbild
rechts	
links	
oben	
unten	

Findest du auch achsensymmetrische Muster?

➔ S.16

6 Bilde achsensymmetrische Formen.
Ein Stift zeigt die Symmetrieachse.

      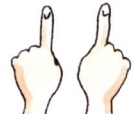

Bild und Spiegelbild sind **achsensymmetrisch**. Die Linie auf der dein Spiegel steht, heißt **Symmetrieachse**.

Wiederholung

Denke an: Frage (F), Skizze (S), Rechnung (R), Antwort (A).

1 Hänsels und Gretels Vater hatte wenig Geld. Dazu kostete das Brot jeden Tag das Doppelte vom Vortag.
F: Wie viel kostete es am Donnerstag?

Montag	Dienstag
1 €	2 €

2 Hänsel und Gretel schliefen im Wald um 14 Uhr nachmittags ein. Abends um 19 Uhr erwachten sie.
F: Wie viele Stunden hatten sie geschlafen?

3 Hänsel und Gretel entdeckten ein Lebkuchenhaus. Auf jeder Dachhälfte sahen sie 10 Lebkuchen.
F: Wie viele Lebkuchen waren dies zusammen?

4 Hänsel aß vom Dach 4 Lebkuchen und Gretel aß weitere 3.
F: Wie viele Lebkuchen aßen die Kinder zusammen?

5 Von der Hexe eingesperrt musste Hänsel täglich 2 Hähnchen essen.
F: Wie viele Hähnchen aß er in einer Woche?

Sachsituationen und mathematische Sprache in Beziehung setzen

An seinem 15. Geburtstag bekam Dornröschen eine Perlenkette mit 20 Perlen geschenkt sowie ein Armband mit halb so vielen Perlen. Ab 10 Uhr wartete Dornröschen ungeduldig auf das Geburtstagsfest. Dieses begann um 14 Uhr. Nach der Feier wanderte Dornröschen durch das ganze Schloss. In einem Turmzimmer stach es sich an einer Spindel.

Die Prinzessin begann tief zu schlafen. Währenddessen wuchs um das Schloss eine dichte Hecke. Am ersten Tag blühten daran 4 Rosen, am zweiten Tag schon doppelt so viele und am dritten Tag blühten wiederum doppelt so viele wie am Tag zuvor.
100 Jahre später weckte ein Prinz Dornröschen mit einem Kuss.

Schreibe nur zu **Rechenfragen**: F, S, R, A.

1 Wie viele Perlen hatte Dornröschens Armband?

2 Wie alt war Dornröschen als es eine Perlenkette geschenkt bekam?

3 Wie viele Stunden musste Dornröschen auf das Fest warten?

4 Wie viele Heckenrosen blühten am ersten Tag?

5 Wie viele Heckenrosen blühten am dritten Tag?

Sei schlau, lies genau!

Die Frage führt zur Antwort.

Lies das Märchen „Dornröschen". Erfinde dazu weitere Rechengeschichten.

1 a)   b)   c)

$5 + 1 + 3 = \square$ $6 + 4 + 2 = \square$ $4 + 5 + 6 = \square$

$\square - \square - \square = 1$ $6 - \square - \square = 0$ $\square + \square - \square = 7$

$\square + \square - \square = 3$ $6 + \square - \square = 8$ $\square + \square - \square = 5$

$\square - \square + \square = 7$ $6 + \square - \square = 4$ $\square + \square - \square = 3$

2 Zahlen besetzen

- Ihr braucht: 3 Würfel, 18 Wendeplättchen für jeden.

Die 11 ist schon besetzt.

- Würfle und rechne dazu ⊕ oder ⊖:

  $6 + 1 + 4 = 11$

  $6 - 1 - 4 = 1$

  $6 + 1 - 4 = 3$

  $6 - 1 + 4 = 9$

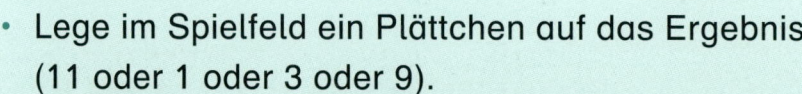

- Lege im Spielfeld ein Plättchen auf das Ergebnis (11 oder 1 oder 3 oder 9).
- Jetzt würfelt der Partner ...

Ah! Das richtige Spiel für meine Sommerferien!

    Zahlensätze des Einsplus- und Einsminuseins automatisiert und flexibel anwenden

1 Zeichne. Auf welchen Zahlen sitzen die Tiere?

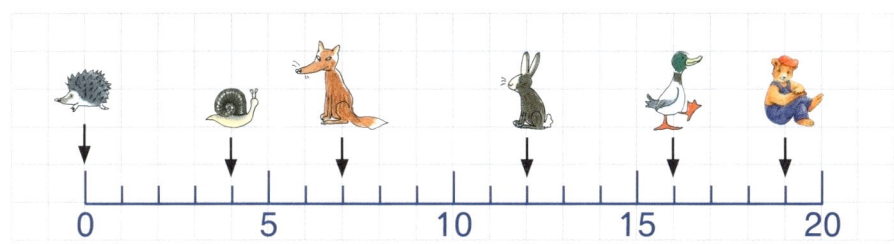

Auf diesen Seiten kannst du nachschlagen!

→ S. 79/1

2 Lege und zeichne.

12, 20, 11, 15, 19, 16

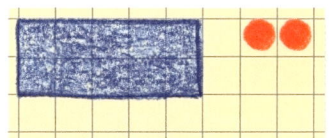

→ S. 71/2

3 Ordne die Zahlen von klein nach groß.

a) 19, 9, 0, 11, 2, 18   b) 20, 12, 1, 13, 4, 15

→ S. 74/4

4 4, 14, 3, 13, 5, 15 Rechne bei jeder Zahl:

a) **+ 4** b) + 3   c) − 3   d) − 2

| $4 + 4 =$ | | $3 + 4 =$ | | $5 + 4 =$ | |
| $14 + 4 =$ | | $13 + 4 =$ | | $15 + 4 =$ | |

→ S. 76/3 und 77/8

5 5, 9, 8, 4, 7, 6 Rechne bei jeder Zahl:

a) **+ 7** b) + 9   c) + 6   d) + 8

| $5 + 7 =$ | | $8 + 7 =$ | | $7 + 7 =$ | |
| $9 + 7 =$ | | $4 + 7 =$ | | $6 + 7 =$ | |

→ S. 93/9

6 15, 11, 14, 12, 16, 13 Rechne bei jeder Zahl:

a) **− 7** b) − 9   c) − 6   d) − 8

| $15 - 7 =$ | | $14 - 7 =$ | | $16 - 7 =$ | |
| $11 - 7 =$ | | $12 - 7 =$ | | $13 - 7 =$ | |

→ S. 97/9

Doppelzahl

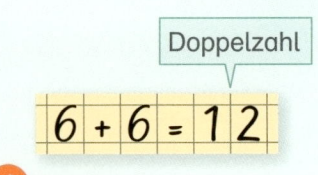

→ S. 88/2

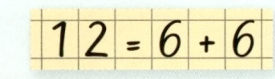

→ S. 90/3

① Verdoppeln heißt, das Gleiche noch einmal.
Verdopple: **6**, 1, 7, 2, 8, 3, 9, 4, 5, 10, 0
0, 2, 4, 6, 8, 10, 12, 14, 16, 18, 20

② Halbieren heißt, in 2 gleiche Teile zerlegen.
Halbiere: **12**, 2, 14, 4, 16, 6, 18, 8, 10, 20, 0
0, 1, 2, 3, 4, 5, 6, 7, 8, 9, 10

③ Schreibe ab und setze richtig ein:

Tag, Stunden, Woche, Tage, 5, Schulwoche

Eine [   ] hat 7 [   ].

Eine [   ] hat nur [   ] Tage.

Ein [   ] hat 24 [   ].

→ S. 38, 86 und 87

④ Schreibe beide Uhrzeiten. ⑤ Wie viel Zeit vergeht?

a)   b)

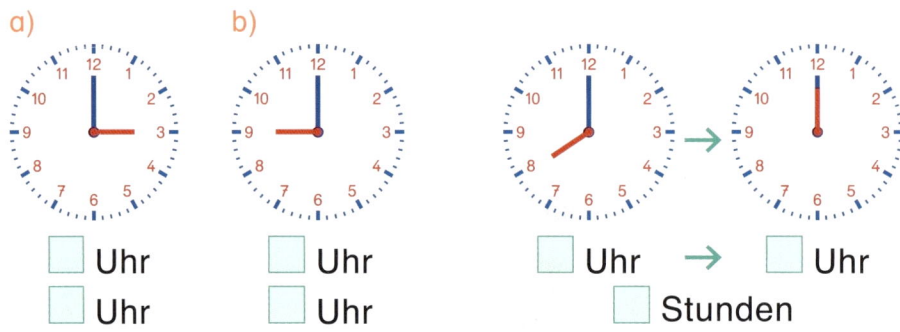

[ ] Uhr   [ ] Uhr   [ ] Uhr → [ ] Uhr
[ ] Uhr   [ ] Uhr   [ ] Stunden

→ S. 86/3 und S. 85/6, 7

⑥ Zeichne Geld. Finde viele Möglichkeiten.

a) 4 ct, 7 ct, 11 ct, 15 ct, 18 ct   b) 3 €, 6 €, 12 €, 17 €, 20 €

→ S. 107/5 und S. 109/4

⑦ Wie viel Geld bekommt Resul zurück?

1 Kugel 1 €

Ich kaufe 2 Kugeln.

→ S. 111/6

⑧ Rechteck, Quadrat, Dreieck oder Kreis? Schreibe.

A   B   C   D

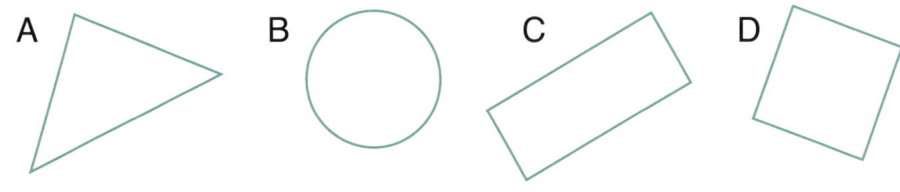

→ S. 64/1

134   A H Seite 71

1 Ein Zauberquadrat! Was entdeckst du?

4	3	8	→
9	5	1	→
2	7	6	→

4	3	8
9	5	1
2	7	6

4	3	8
9	5	1
2	7	6

$4 + 3 + 8 = \square$ $\qquad$ $4 + 5 + 6 = \square$ $\qquad$ $4 + 9 + 2 = \square$

$9 + 5 + 1 = \square$ $\qquad$ $8 + 5 + 2 = \square$ $\qquad$ $3 + \square + \square = \square$

$2 + 7 + 6 = \square$ $\qquad\qquad\qquad\qquad\qquad$ $8 + \square + \square = \square$

2 Zeichne und ergänze das Zauberquadrat.

1 2 3 4

6 7 8 9

		5

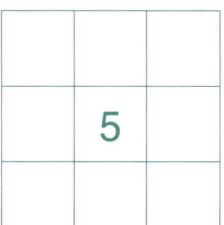

Worauf musst du achten?

3 Welche Zahl passt nicht dazu? Warum?

2 — Gänseblümchen $\quad$ 4 — Klatschmohn $\quad$ 6 — Löwenzahn $\quad$ 8 — Glockenblume $\quad$ 10 — Klee $\quad$ 3 — Vergissmeinnicht

4 Was Bibu dir wohl wünscht? Schreibe zu jeder Lösungszahl den passenden Buchstaben.

a) Das Doppelte von 4. $\qquad$ g) Das Doppelte von 8.

b) Die Hälfte von 6. $\qquad$ h) Die Hälfte von 18.

c) Der große Nachbar von 19. $\qquad$ i) 2, 4, 6, 8, $\square$

d) Um 5 größer als 14. $\qquad$ j) 19, 17, 15, $\square$

e) Um 6 kleiner als 11. $\qquad$ k) $3 + 3 + 3 = \square$

f) Der kleine Nachbar von 10. $\qquad$ l) Die Hälfte von 10.

3=C, 5=N, 8=S, 9=E, 10=R, 13=I, 16=F, 19=Ö, 20=H

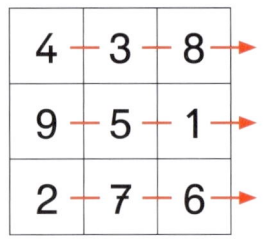
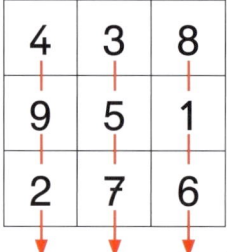

Meine Mathebox

Auf meine Kärtchen schreibe ich B.B. für Bibu Bär.

Mit deiner Mathebox kannst du ⊕ Aufgaben und ⊖ Aufgaben nach einiger Zeit blitzschnell lösen. Verwende dazu die Kärtchen aus deinem Arbeitsheft.

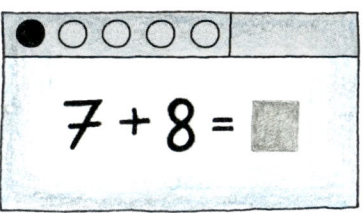

Vorderseite

Übe so:

1. Lies die Aufgabe.
2. Schreibe Aufgabe und Ergebnis.

$$7 + 8 = 15$$

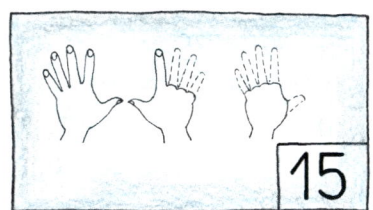

Rückseite

3. Überprüfe dein Ergebnis.

$$7 + 8 = 15 \checkmark$$

Zuerst kommt jedes neue Kärtchen in das 1. Fach.

✓ Du hast richtig gerechnet: Male einen Punkt aus. Das Kärtchen wandert in das 2. Fach.

ƒ Du hast falsch gerechnet: Das Kärtchen bleibt im 1. Fach und wird später noch einmal geübt.

Übe bis alle deine Kärtchen im 5. Fach sind.

1. Fach

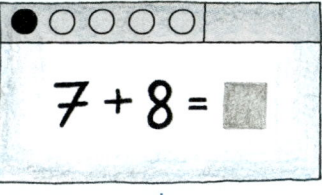

2. Fach

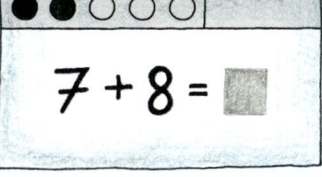

5. Fach

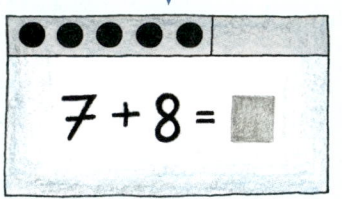

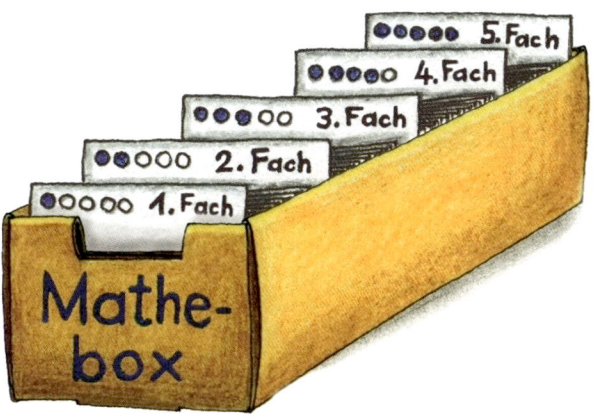